El gordo y el flaco

C'est moi le gros et toi le petit

El grito de los espejos

Le cri des miroirs

JUAN MAYORGA

El gordo y el flaco
C'est moi le gros et toi le petit

Traduction de
Agnès Surbézy et **Fabrice Corrons**

MARCELO LOBERA

El grito de los espejos
Le cri des miroirs

Traduction de
Marcelo Lobera et **Cécile Bassuel Lobera**

L'édition de ces œuvres a été réalisée
avec le soutien de l'Institut Cervantes et de la DRAC Midi-Pyrénées.

PRESSES UNIVERSITAIRES DU MIRAIL
THÉÂTRE DE LA DIGUE

Déjà parus dans la collection *Hespérides Théâtre*,
aujourd'hui *Nouvelles Scènes* :
Notas de cocina / Notes de cuisine de Rodrigo García.
Bufonerías / Bouffonneries de Alfonso Zurro.
Los figurantes / Les figurants de José Sanchis Sinisterra.
La trompeta de cristal veteado/La trompette de cristal veiné de Fr. Portes.
El Tío loco/L'Oncle foufou – El Saludador/Le Salueur de Roberto Cossa.
Rezagados/Lanternes rouges – Auto/Automobile de Ernesto Caballero.
Dedos / Avec doigté de Borja Ortiz de Gondra.
Por Narices / Histoires de nez – A solas con Marilyn / Autour de Marilyn de Alfonso Zurro.
Conspiración carmín/Conspiration vermeille – Sangre lunar/Sang de lune de José Sanchis Sinisterra.
Cinema-Uttopia/Cinéma-Utoppia de Ramón Griffero.
¡A ver, un aplauso!/Allez, applaudissez ! de César de María.
Las voces de Penélope/Les voix de Pénélope de Itziar Pascual – *Como si fuera esta noche/Bésame mucho* de Gracia Morales.
Un aire ausente/Un air absent de Mercé Sarrias – *Rodeo/Rodéo* de Lluïsa Cunillé.

Illustration de couverture : © Christine Cabirol
Photocomposition de la couverture : Christine Cabirol

ISSN : 1760-2602

ISBN : 2-85816-791-5

Université de Toulouse-Le Mirail
5, allées Antonio Machado
31058 Toulouse Cedex 9

ISBN : 2-914460-17-1

3, rue de la Digue
31300 Toulouse

NIPO : 503-05-005-2

Au-delà des miroirs :
la transgression des images

Monique Martinez Thomas
(España@31 / Roswita)

Les pièces de Juan Mayorga et de Marcelo Lobera publiées dans cet ouvrage, apparemment très différentes, présentent en réalité de nombreuses convergences. Différents, leurs jeunes auteurs le sont pourtant, par leur parcours, leur activité professionnelle. Ils sont sensiblement du même âge (1965 et 1969, respectivement). L'un est espagnol et vit à Madrid, l'autre est argentin et vit en France. Le premier a une formation de philosophe et de mathématicien, une thèse sur Walter Benjamin et enseigne depuis 1998 à la RESAD la Dramaturgie et l'Histoire de la Pensée. Le second a un parcours d'autodidacte, amoureux fou de littérature et participe depuis quatorze ans à la compagnie Les Anachroniques dont il est l'un des piliers. Acteur, formateur, metteur en scène et maintenant auteur de la troupe, il est aussi à l'origine de la collection *Nouvelles Scènes*, où il a publié plusieurs traductions (*Notes de cuisine* de Rodrigo García, *Histoires de nez* de Alfonso Zurro, *A ver un aplauso* de César de María). Mayorga commence à être connu, reconnu en Espagne et à l'étranger, il a écrit de nombreuses pièces dont les plus réputées sont en France *Le traducteur de Blumemberg* et *Cartes d'amour à Staline*. Marcelo Lobera a dans ses tiroirs quelques pièces *Kamicaze*, une pièce pour enfants et il édite ici sa première œuvre. Tous deux ont fréquenté José Sanchis Sinisterra. Juan Mayorga se forme dans les ateliers de dramaturgie que l'auteur valencien organise depuis des années en Espagne et en Amérique Latine et Marcelo Lobera profite des liens de complicité que Sinisterra n'a cessé de tisser avec les membres de l'équipe, multipliant ses interventions à Toulouse, depuis la représentation de *Les figurants* au Théâtre de la Digue : conférences dans les colloques, lectures de textes inédits, projets divers. Marcelo Lobera est ainsi le traducteur, avec Félix Martin, du récent petit essai sur Sinisterra apostillé par l'auteur lui-même que la formidable maison d'édition Ñaque vient de publier en Espagne.

Les textes présentés ici sont *a priori* aux antipodes. Autant l'écriture de *El gordo y el flaco* est sobre, cartésienne, dense, autant celle de *El grito de los espejos* est luxuriante, viscérale, impressionniste. Pourtant dans les deux œuvres se retrouvent les traits constitutifs d'une esthétique de la postmodernité[1] qui semble aujourd'hui labelliser la production théâtrale contemporaine, au-delà des styles et des genres, au-delà des frontières géographiques.

La norme intertextuelle

Le trait postmoderne le plus frappant des deux œuvres est le recours à une intertextualité variée, plus ou moins importante. Juan Mayorga et Marcelo Lobera travaillent à partir de matériaux artistiques préexistants, qu'ils repensent, altèrent, modifient… en décloisonnant les frontières génériques et en abolissant la hiérarchie entre culture de masse et culture d'élite (encore un des paramètres clefs de notre ère postmoderne).

C'est moi le gros et toi le petit…

Juan Mayorga, comme l'affiche le titre *El gordo y el flaco* en espagnol (traduit par *C'est moi le gros et toi le petit* en français), utilise le référent cinématographique comme matériau de base de sa pièce : apparaissent des titres de films de Laurel et Hardy, des cassettes vidéo de vieux films dont les personnages doublent les dialogues. Il est fait allusion au procédé de coloration des pellicules en noir et blanc, au statut de l'acteur, au monde du cinéma dans son ensemble (en particulier avec l'allusion – comique – à Tarzan et à Charlie Chaplin). Mais *El Gordo et el Flaco*, c'est avant tout une théâtralisation du couple mythique du cinéma burlesque américain[2]. Le récepteur y retrouve, de façon presque inconsciente, les caractéristiques du duo intemporel que la nombreuse filmographie de Stanley et Hardy (106 réalisations en trente ans) a fixées dans la mémoire collective : la complémentarité et l'opposition du « fat » et du « thin », du rire et des larmes ; les traits de caractère de chaque personnage et leurs rapports de force (« Tú eres el animoso y yo el desanimado. Tú eres el emprendedor y yo el inerte », dit Laurel) ; les procédés comiques (les *splasticks*, les *runnings gags*, le procédé de l'attente de la réaction après un gag, etc.) ; le phénomène d'apartés au public, qui devient ici transgression du quatrième mur

---

[1] Voir la conférence d'Agnès Surbézy sur le théâtre postmoderne (cf. espana31.com, site du laboratoire toulousain sur l'Espagne Contemporaine).

[2] L'intrigue, pour la résumer platement, est l'affranchissement progressif du maigre face au gros.

théâtral, pour la plus grande joie du spectateur qui reconnaît les coups d'œil complices d'Hardy à la caméra, auxquels les films l'ont habitué :

> *(El Gordo se detiene bruscamente y el Flaco tropieza con él, haciéndose daño en la nariz. El Gordo mira al público como diciendo: « Pero qué paciencia tengo que tener »).* (p. 28)

Mais l'image de Laurel et Hardy, préexistante dans la mémoire du récepteur est, très vite, transgressée. Le paragraphe didascalique qui précise le titre, tout comme l'indication scénique aperturale, s'amuse à brouiller la référence cinématographique :

> *(Esta pieza puede ser interpretada por un gordo y un flaco o por dos hombres de peso semejante. Podría suceder que el llamado « Flaco » fuese más gordo que el llamado « Gordo »).* (p. 24)

La didascalie à tiroirs, permissive, offre un éventail de choix au metteur en scène (qui, lui, devra opter pour telle ou telle lecture) : il peut respecter la tradition et le référent cinématographique – le gros, le maigre –, les neutraliser en « cassant » l'opposition visuelle gros/maigre ou bien jouer avec le code préexistant en inversant le rapport entre les noms des personnages et leur incarnation scénique : le maigre pourrait même être plus gros que le gros ! Un jeu de séduction/frustration s'établit alors avec le lecteur en général et avec le récepteur privilégié qu'est le metteur en scène. Dans ce court-circuitage, ce qui est en jeu, c'est la problématique de l'identité et de l'altérité, de l'être et du paraître et donc de l'imposture. L'image devient le lieu de l'imposture maximale, d'autant plus grave qu'elle est figée pour l'éternité dans l'imaginaire collectif, grâce au support de la mémoire. C'est ainsi que les deux personnages doivent répéter inlassablement, pour continuer à vivre, les gestes et les répliques de certains films, comme dans le début de la pièce :

> GORDO : ¿Palabras o movimientos?
> *(El Flaco se encoge de hombros. El Gordo y el Flaco van a sus posiciones originales.)*
> GORDO : « Dos en Manhattan ». Antecedentes : El « New York Times »... (p. 26)

Le rituel théâtral de reprise des « positions originales » et des répliques de certains films fonctionne comme le ciment qui permet au couple de continuer à exister, jusqu'au refus progressif du jeu commun :

> GORDO : ¿Palabras o movimientos?
> *(El Flaco ni siquiera se encoge de hombros.)* (p. 26)

Le kaléidoscope de la fiction

Chez Marcelo Lobera, le manège des références ne cesse de tourner : allusions fugaces à des répliques, des situations théâtrales, échos de pièces antérieures que le spectateur saisira par bribes, comme des clins d'œil, des réminiscences. Les personnages de fiction sont presque tous issus d'œuvres littéraires ou dramatiques. Comme par un procédé de greffe, ils créent un univers original où le récepteur trouve des points d'ancrage, selon sa sensibilité, sa culture. Il peut y reconnaître l'Auteur de *Don Perlimplín con Belisa en su jardín* de García Lorca, le Tartaloro de *A ver un aplauso* de César de María, la Mort des *Bouffonneries* d'Alfonso Zurro, un Vieux, double du père de *El tío loco* de Roberto Cossa et bien sûr, la cohorte des personnages de la *commedia dell'arte*, Pierrot, Arlequin, Colombine, Tartaloro, Il Dottore. Ces derniers sont facilement identifiables par leurs noms, et, de la même façon que pour Laurel et Hardy, l'image codifiée des figures italiennes fonctionne comme un cadre de référence *a priori*. L'Auteur et le Vieux sont, de façon plus détournée, reconnaissables par leur discours. Très vite le spectateur perçoit, dans l'impossible adresse de l'Auteur au public, une version parodique du prologue lorquien :

> AUTOR : *(...)* Como decía nuestro ahijado el posteta... como decía nuestro abrigo el potaje... nuestro navío eproveta... nuestro altivo profeta... nuestro amigo el poeta ¡Como decía nuestro amigo el poeta! Nuestro amigo el poeta... nuestro amigo el poeta... he, he... *(Dándose una palmadita en el pecho.)* Vuestro amigo el poeta... quiero que haya un silencio tan profundo que oigamos el mamar de los mamelones... el gluglú de los galantones... el gluglú de los manantiales... que oigamos el gluglú de los manantiales... y si una mina se asoma apartando los jubones en la silla... ¿Quééé? Si una suerte se aparta asomando... no, no, no... y si una muerte se asoma apartando... ya me decía yo... apartando los juncos de la orilla que también la oigamos... (p. 98)

Si l'ouverture de la pièce de Lorca était une invitation à glisser dans le monde de l'imaginaire, de la poésie, à se laisser porter par tous les sens, celle de Marcelo Lobera dit l'impossible discours sur la fiction, aussi fragile que la vie, risquant à tous moments « d'éclater en morceaux » et de s'auto-détruire dès lors que le langage du rationnel s'en empare. C'est ainsi que les mots, les sons résistent, jouent avec le locuteur, se jouent de lui, sèment le trouble dans l'organisation d'une parole qui revendique son propre rythme, son propre flux, ses associations d'idées et d'images. Même lorsque l'auteur vengé enfin, à grands renforts de coups et de cris, des techniciens facétieux qui ont altéré son texte parvient à lire les pages écrites, le texte s'emballe, comme malgré lui et nous entraîne dans un tourbillon de mots, de phrases, qui pourrait ne jamais conclure… si la Mort excédée ne venait l'interrompre… pressée d'en finir avec tout début pour arriver précisément plus vite à la fin !

Il arrive que les personnages principaux soient rejoints par une cohorte foisonnante d'autres personnages de fiction. C'est le cas de l'épisode de la manifestation muette où apparaissent côte à côte « Flash Gordon, Sandokán, Mafalda, El Cid, Hamlet, Pantagruel, Ulises y su perro, El hombre del saco, Tarzán, Emma Bovary, Mandrake y Rosadito Verdoso y Buster Keaton » (p. 146). Ceux-ci ont répondu présents à l'invitation du premier acte, adressée de façon plus vaste à « Cronopios », « Remedios la bella », Cyrano de Bergerac, Toshiro Mifune, Cendrillon, etc.

Ce fourmillement hétéroclite de héros de bande dessinée, de cinéma, de littérature populaire (Sandokan) ou « noble » (Hamlet) est bien un signe de cette prégnance des images, de la fiction dans notre monde actuel. Lorsque Pedro agonise « vraiment », il convoque, malgré lui, tout l'univers fictionnel dont s'est nourrie sa vie… mais qui ne pourra le sauver. Car ce qui est bien en jeu, dans cette pièce, ce sont les limites de la fiction lorsque l'on croit qu'elle est la vraie vie. « Vivamos en sueño o en ficción » affirme Pierrot, le double fictionnel de Pedro, seul « vrai » personnage de la pièce, même si vivre dans l'imaginaire est la plus grande imposture… toujours dévoilée à l'heure de la mort. Le rêve, même brisé par la réalité de la fin absolue, est pourtant ce qui nous permet de supporter de vivre, pendant que nous vivons. Si Pedro s'accroche à sa fratrie imaginaire, ces frères de l'esprit ne peuvent, malgré leur pétillance, leur vitalité, leur chaude présence le réchauffer. Le héros se meurt, vidé par le Docteur de ces rêves qui font viscéralement partie de lui, de son corps :

> DOTTORE : *(Saca a manotazos los últimos huesos del cuerpo de Pedro. Mariposas que emprenden su vuelo al contacto del aire.)* Sueños... sueños... sueños...
> COLOMBINA : *(Como despertando de una pesadilla o hundiéndose en ella.)* ¡Doctor! ¡No! ¡Doctor! (p. 152)

En questionnant les frontières entre la vérité et l'illusion et valorisant le rêve, Marcelo Lobera renoue avec la thématique baroque ou plutôt « néobaroque » qui revient en force dans notre époque contemporaine, pour « combattre l'illusion par les moyens mêmes de l'illusion » selon l'expression de Guy Scarpetta[3].

Combattre l'illusion par les moyens mêmes de l'illusion

Dans les deux pièces, en effet, le jeu avec la représentation, les images est constant. À travers les jeux intertextuels, la fiction se donne à voir, le spectacle s'auto-désigne et ce que la scène représente est déjà de l'ordre de la représentation.

---

[3] Guy Scarpetta, *L'artifice*, Paris, Grasset, 1988.

Le miroir baroque

C'est sur cet effet de miroir que Juan Mayorga veut nous faire réfléchir : il lui permet de questionner la dualité de l'être et du paraître, et ceci à plusieurs niveaux. Chez les personnages bien sûr dont le masque est identitaire, dont l'image est l'être... jusqu'à ce que la nécessité de « renouveler leur image » ne s'impose à Laurel. Il n'est pas anodin que cette prise de conscience se fasse devant le miroir poussiéreux oublié sous le lit.

> *(De debajo de la cama saca un espejo. Está lleno de polvo. Para limpiarlo, el Gordo pide ayuda al Flaco, que tarda en reaccionar. El Flaco mancha de polvo al Gordo. Del modo más inverosímil, limpian el espejo. Se contemplan en él. Silencio.)*
> **Gordo-** En seguida nos dimos cuenta de que era una gran idea. Todos se tronchaban nada más vernos. ¿No es graciosísimo? ¿No es para morirse de risa?
> *(Se troncha. El Flaco no se atreve a no reír.)*
> FLACO : *(Osando apenas.)* Y sin embargo...
> GORDO : ¿Sin embargo?
> *(Al Gordo se le ha cortado la risa.)*
> FLACO : Alguien podría pensar que podríamos renovar nuestra imagen. (p. 32)

Selon la théorie platonicienne, le miroir, censé refléter, si sa surface est nette et polie, l'âme de l'individu, subit ici une altération signifiante : l'image est brouillée par les traces du temps (la poussière) et semble renvoyer à un fonctionnement obsolète du duo comique. Le noir et blanc n'est plus de mise, tout comme la « monogamie » et le « fonctionnariat », comme s'auto-définit dérisoirement Laurel face à son image.

> FLACO : *(A su propia imagen, en el espejo.)* Sexo seguro. Monogamia. Funcionariado. ¿Es ésa tu forma de entender la vida? (p. 34)

Le couple du gros et du maigre ne fait plus rire. L'époque moderne est celle du changement, du mouvement, de la métamorphose. L'image dans le miroir dévoile l'antagonisme profond qui commence à opposer les personnages : alors que Laurel prône la transformation et la remise en question, Hardy va déployer des stratégies de récupération de leur apparence commune. Il appliquera la phase A du plan (exercices physiques continus pour Laurel et suralimentation pour lui-même), avant de passer à la phase B (cure médicalisée de grossissement et d'amaigrissement). En vain…

Dans *El gordo y el flaco*, la scène est aussi un miroir où le jeu théâtral s'affiche comme tel. Laurel, par exemple, imite le bruit du téléphone, qu'Hardy finit par décrocher (p. 60). Hardy raconte indigné sa conversation téléphonique à Laurel, alors que les réponses à son interlocuteur n'ont été entendues ni par son compagnon ni par les spectateurs. Le simulacre s'affiche comme tel, devient une réalité à laquelle s'accrochent les personnages, un élément de réel qui va faire basculer le rapport de domination-soumission. Lorsque Laurel tente désespérément de s'affranchir, il a recours au même stratagème. C'est le coup de téléphone fictif qui le pousse à faire sa valise et à répondre positivement au producteur qui cherche un acteur (un naufragé sur une île déserte...). Ce coup de fil, il l'attendait et, face à l'immobilisme de la situation, il choisit de l'inventer aux yeux de tous... pour amorcer le long processus qui le mènera enfin au franchissement de la porte. L'illusion s'exhibe, est désignée comme telle, afin de lutter contre cette tendance nocive à croire aux représentations, aux images figées, aux idoles. Tout n'est que simulacre et fiction au théâtre comme dans la vie : il faut aller au-delà du miroir, de l'apparence, du masque pour trouver la chair de l'être qui essaie de se construire, en dépassant le corset du regard de l'autre.

Ce terrible effet de vérité

Chez Marcelo Lobera, l'emboîtement des différents niveaux de fiction permet de créer des effets de vérité, qui remettent en question le fondement même de l'illusion. L'auteur de théâtre qui ouvre l'œuvre est plus vrai que Pierrot sur son rayon de lune, qui court sur des échafaudages de vent, démiurge éthéré de la représentation qui se déroule en bas. La Mort qui vend des explosions à crédit pendant l'entracte semble moins irréelle que les faucheuses qui apparaissent à l'Acte I pour dire l'oubli, le vide, le néant. Pedro devient plus réel lorsque Colombine affirme qu'il meurt vraiment :

> COLOMBINA : (*Como para sí misma.*) Arlequín, por favor... esto no es un juego... este muchacho se está muriendo... parece que nadie se da cuenta de lo que está pasando aquí... no te muevas Pedro... voy a buscar al doctor, ahora vuelvo... (p. 128)

Ou, plus loin, « ¡Doctor, esto no es un sueño...! ¡Se está muriendo! » (p. 152). Pedro agonise « vraiment », après une explosion réelle, agonie qui a pourtant l'air « de farce et attrape ». Si Pedro, lui, est blessé dans sa chair, Arlequin joue à gémir et à montrer sa plaie, comme un écho burlesque de la vraie souffrance de Pedro. Il est bien évident, lui reproche Colombine, que lui ne peut pas saigner, puisque c'est un être de fiction.

Si le jeu théâtral s'affiche comme tel dès le début de la pièce (notamment par les procédés métathéâtraux qui exhibent les rouages du théâtre), c'est pour créer et intensifier l'effet de vérité. Le miroir de la scène n'est construit que pour mieux dire la vérité du drame, celle que les personnages décident de dénoncer, avec, comme seule arme, leur jeu théâtral, hyperbolique, foisonnant, hétéroclite, haut en couleurs, en sons et en images. Le drame, c'est l'explosion, le feu, les ambulances, les cris, l'enfer de décombres, les oiseaux aveuglés, le drame, c'est toutes les explosions qui font « crier les miroirs » et qui font partie de notre monde. Le moment est venu, dit la fin de l'Acte I, de réagir, de convoquer la grande assemblée des humains à la manifestation que les êtres de papier comptent organiser, contre les fabriquants de mort, en ralliant toutes leurs forces.

> ARLEQUÍN : Dame un beso Colombina... dame un beso.
> COLOMBINA : ¿Por qué?
> ARLEQUÍN : Porque... porque... ¡Porque me hice nanita en el dedo!
> COLOMBINA: Primero cuéntales lo que vamos a hacer. Trata de convencerlos para que vengan todos.
> ARLEQUÍN : ¿A quiénes?
> COLOMBINA : (*Señalando al público.*) A ellos Arlequín. Ellos pueden hacer que las cosas cambien. No podemos seguir volviéndonos fuego, sangre y humo a cada explosión. (p. 132-134)

C'est ainsi qu'à l'Acte II, lorsqu'apparaissent les nombreux manifestants, le bruit désordonné du monde de la scène s'interrompt brutalement et le miroir de la scène devient muet : la parole, la vraie, est en quelque sorte laissée aux spectateurs, une parole intérieure guidée par les signes visuels des pancartes... Les dates qu'on y lit résonnent douloureusement dans les cœurs de ceux qui les reconnaissent : le 21 septembre bien sûr pour les toulousains, tous ceux qui vivaient trop près d'AZF et qui n'auraient pas dû s'y installer (qu'on n'aurait pas dû laisser s'y installer). Le Docteur n'affirme-t-il pas « même les chats savent qu'il ne faut pas s'approcher de ces usines-là » ? La date du 3 décembre 1984 pour les 2 000 morts de la catastrophe de Bhopal, en Inde, celle du 26 avril 1986 pour les victimes de l'explosion de la centrale nucléaire de Tchernobyl ? Ou, plus tragiquement encore, les chiffres de 21 octobre 2060 qui semblent nier tout espoir de changer les choses... Ces dates sont autant de pistes que le spectateur saisit, selon son expérience, son savoir, sa sensibilité. Ce qu'affiche ici l'illusion théâtrale, c'est une terrible ressemblance avec la réalité... À moins que la réalité ne se mette à ressembler à la fiction, qui sait ? Et l'Auteur de s'embrouiller désespéré à la fin de sa pièce ! Encore une fois il n'a pas tenu les rênes du jeu, ce n'est pas la vraie pièce qui a été jouée, sa pièce, ce ne sont que des « phrases échappées d'autres mers » :

> Frases escapadas de otros mares... naufragadas aquí... tratando de procrear algo... de decirnos algo que no fue... algo que no será... y que no nos importa... artificios de formas y de colores... juegos de una ficción que no nos corresponde... ni a vosotros ni a mí... (p. 156)

Le public abusé est invité à revenir, le lendemain, afin d'assister à l'autre représentation, celle qui ne finit pas sur la mort de Pedro, celle qui finit sur « quelque chose de mieux », sur une fiction moins tragique... La fin de la pièce brouille à nouveau les frontières entre l'illusion et le réel, entre la vie et le songe, confère à la fiction « intruse » une existence, une vraie autonomie. À nouveau l'illusion combat l'illusion avec les moyens mêmes de l'illusion.

La théâtralité

Autre point commun aux deux textes. Leur formidable théâtralité. Juan Mayorga et Marcelo Lobera écrivent, résolument, pour la scène. Les deux pièces sont des « partitions scéniques », souvent précises, mais qui ouvrent des espaces immenses d'improvisation et de créativité. Même si le texte didascalique est quantitativement important, tout reste à inventer pour créer l'empilement des signes qui caractérise ces écritures néobaroques.

Le corps parle du corps

Le travail sur le corps de l'acteur est en effet un élément clef de la dramaturgie de Mayorga : pas simplement comme thème omniprésent (le gros, le maigre, la transformation du corps) mais comme support privilégié de l'expression scénique. *C'est moi le gros et toi le petit* est une véritable performance d'acteurs : gesticulation exacerbée, jeux de scène codifiés (« tomber sur le cul »), jeu de mimes (combat de boxe, funambules), exercices physiques (El flaco) et ingestion de nourriture (Hardy), scène d'une longue lutte en trois temps où s'affrontement violemment les deux compères :

> *(El Gordo lanza un opercut contra la mandíbula del Flaco, que había descuidado su defensa.)*
> GORDO : Un golpe modélico. ¡¡¡Opercut!!!
> FLACO : ¡¡¡Scrooonch!!!
> *(El Flaco gira como una peonza antes de caer a plomo fuera de la cama. El Gordo ya canta victoria.)* (p. 78)

Si de nombreux jeux de scène sont notés dans la didascalie, c'est au metteur en scène et au comédien que reviendra le soin d'inventer le kaléidoscope visuel et sonore de Laurel et Hardy. Quelle est, en effet, la « position de départ » de « Laurel et Hardy à Manhattan », qui sert d'embrayeur au rituel des répétitions des deux hommes ? Quels sont les mouvements qui correspondent aux dialogues que les acteurs viennent, parfaitement, de reproduire ?

GORDO : Ni una coma, ¿te das cuenta? Ni una coma nos hemos comido. ¿Vamos con los movimientos?
(El Flaco acepta. Mudos, el Gordo y el Flaco repasan los movimientos correspondientes al diálogo que acaban de pronunciar. El Gordo vigila que el Flaco haga bien su parte. Finalmente, el Flaco, a cuatro patas, compone posturas de gato. El Gordo se desternilla.)
GORDO : Ni un matiz, ¿te das cuenta? Ni un matiz nos hemos comido: el pisotón en la cara, el culatazo... (p. 42)

Le texte théâtral s'ouvre pleinement à la scène, à l'improvisation, au corps de l'acteur, dont l'importance est ici fondamentale. Cette pièce qui parle des dangers des images figées, de leur imposture, de leur tyrannie revalorise le corps de l'acteur, l'inventivité du jeu scénique, l'image vivante face à l'image (morte ?) du cinéma… Le théâtre lieu du mouvement, de la métamorphose face au film clos pour l'éternité.

Une écriture de l'extase

Dans *El grito de los espejos*, c'est la scène entière qui participe de la pulsation rythmique, de l'excès, du vertige d'une théâtralité foisonnante et poétique. De multiples aires de jeu coexistent, investies par la foule des personnages ou activées selon les scènes. Le tréteau central occupe les trois quarts de l'espace scénique, en hauteur et en profondeur, créant une densité dont l'œil du spectateur va se nourrir. Densité renforcée par le jeu des trappes qui s'ouvrent et se ferment pour les entrées et les sorties des personnages.

Arlequino y Colombina subiendo o apareciendo por unas trampillas que siempre se abren y se cierran estrepitosamente. (p. 106)

Le tréteau est le support idéal à la surcharge de signes, tout comme notre existence est pleine du désordre du monde et du bouillonnement de la vie. Le tréteau, flottant tel un navire sur une mer de lumière, pourrait bien être la métaphore visuelle de la parcelle infime que chacun d'entre nous occupe, pendant le temps limité de notre vie sur terre… Sous lui, l'espace sombre et immense d'une mer de lumière, où surgissent les figures de la mort, toujours présentes, sur le devant de la scène, à gauche, à droite… La mort qui entoure l'embarcation fragile à laquelle Pedro s'accroche, « un bateau ou une île dans la tempête », espace de la tragédie de la vie.

El telón se ha abierto: sobre una nube de luz cenicienta flota una tarima. Ésta ocupa las tres cuartas partes del escenario. En su centro un mástil estira su altura hacia un rayo de luna. (p. 100)

Lien entre le tréteau et le haut de la scène, un mât trace une ligne verticale qui pointe la présence irréelle d'un personnage : Pierrot lunaire, marionnette bifrons, telle un Janus qui voit l'avenir, cette créature orchestre les différentes parties du drame, commente et contemple l'action qui se déroule sous lui, depuis sa hauteur.

> *Cabalgando un filo de luna, Pierrot viaja por los andamios del viento. Personaje doble, figura de dos caras, cuerpo entre un aquí y un más allá. Su silueta funámbula, luz y sombra, aparece y se desvanece como un sueño de madrugada.* (p. 104)

Poésie des espaces, poésie de la didascalie, le théâtre de Marcelo Lobera est tout, sauf réaliste, mimétique. Il crée une théâtralité propre, un monde autonome, une véritable « poésis » qui passe aussi par un langage réinventé, libéré du corset d'un sens pré-établi. Dans la parole théâtrale, c'est le travail sur les sons qui est privilégié : les onomatopées, les allitérations, les variations homophoniques, les répétitions de mots, les phrases nominales, les asyndètes, l'inachèvement, les points de suspension, l'utilisation des idiolectes, d'accents spécifiques, le recours à des langues étrangères, l'italien, le portugais, l'anglais, le français – et la liste n'est pas close. Au rythme endiablé du dialogue s'ajoute l'alternance entre prose et poésie (celles de Pierrot), prose et chanson (celle de Colombine), texte et son (musique du piano lors de la manifestation muette), qui se succèdent de façon irrégulière. Ce langage, loin de privilégier le sens, de s'adresser à l'esprit sollicite directement le corps, l'affect, tous nos sens. Porté par ce souffle frénétique, le spectateur – et l'acteur – sont transportés hors du monde, dans une sorte d'extase créée par le tourbillon de sons et d'images.

Au-delà de la transgression d'images revisitées, au-delà du jeu théâtral hyperbolique, ce qui réunit ici nos deux auteurs, c'est leur profonde révolte face à toute forme de violence. Le terrible conflit qui se noue entre Laurel et Hardy renvoie à la dialectique du maître et de l'esclave, à la tyrannie de celui qui croit pouvoir conserver le pouvoir, en préservant les privilèges acquis, en pariant sur l'immobilisme plutôt que sur le changement. La violence psychique, la violence physique n'empêcheront jamais de franchir la porte qui mène vers la liberté, vers l'émancipation. Dans *El grito de los espejos*, c'est de la violence collective qu'il s'agit, celle qui frappe aveuglément, sciemment ou par « hasard », par idéologie ou par inertie, celle qui nous jette au visage la terrible réalité de la mort, inacceptable. Chez Juan Mayorga, cette révolte des débuts s'est élargie par la suite en une réflexion sur l'Histoire, ses mécanismes, ses tragédies… Celle de Marcelo Lobera, blottie pendant des années au plus profond de lui-même, est enfin parvenue à la surface… Au moment où l'auteur tourne – où l'équipe tourne – une page fondamentale de son histoire, que lui souhaiter ? De continuer dans la tourmente… avec toujours aux lèvres, maintenant plus que jamais, « deux éclats de rire »…

Bibliographie

Juan Mayorga

Œuvres publiées

Siete hombres buenos, *in Marqués de Bradomín 1989*, Madrid, Instituto de la Juventud, 1990, pp. 97-185.

Más ceniza, *in Primer Acto*, nº 249, 1993, pp. 49-87 // *in Calderón de la Barca 1992*, Madrid, Ministerio de Cultura, 1994, pp. 7-72 // Madrid, Visor, 1996 // Digital: Novalibro.com.

El traductor de Blumemberg, *in Nuevo Teatro Español*, nº 14, Madrid, Ministerio de Cultura, 1993, pp. 25-84 // « *Animales nocturnos / El sueño de Ginebra / El traductor de Blumemberg* », Madrid, La Avispa, 2003, pp. 73-111 // Digital: www.parnaseo.uv.es

Concierto fatal de la viuda Kolakowski, *in* « *Monólogos I* », Madrid, Asociación de Autores de Teatro, 1994, pp. 99-113.

El hombre de oro, *in Gestos*, nº 24, 1997, pp. 153-163 // *in Ventolera – Rotos*, Madrid, Teatro del Astillero, 1998, pp. 61-72.

El sueño de Ginebra, *in Panorámica del teatro español actual*, de Candyce Leonard y John P. Gabriele, Madrid, Fundamentos,1996, pp. 95-114 // *Monólogos de dos Continentes*, Buenos Aires, Corregidor, 1999, pp. 225-249 // *Animales nocturnos / El sueño de Ginebra / El traductor de Blumemberg* », Madrid, La Avispa, 2003, pp. 51-72.

El jardín quemado, *in Escena*, nº 43, 1998, pp. 43-58 // Murcia, Universidad de Murcia, 2001 // Digital: www. caoseditorial.com.

La mala imagen, *in Estreno* vol XXVI, nº 2, 2000, pp. 15-18 // *in Teatro para minutos*, Ñaque, Ciudad Real, 2001, pp. 11-27.

Legión, *in Ventolera – Rotos*, Madrid, Teatro del Astillero, 1998, pp. 41-49 // *in Teatro para minutos*, Madrid, Ñaque, 2001, pp. 47-57.

La piel, *in Art teatral*, nº 17, pp. 53-58.

Amarillo, *in Estreno*, vol XXVI, nº 2, 2000, p. 20 // *in Oscuridad*, Madrid, Teatro del Astillero, 2001, pp. 89-93 // *in Teatro para minutos*, Ñaque, Madrid 2001, pp. 29-31.

El Crack, *in Al borde del área*, *Muestra de Teatro Español de Autores Contemporáneos*, Alicante 1998, pp. 81-88.

Cartas de amor a Stalin, *in Primer Acto* nº 280, Madrid, 1999, pp. 65-88 // *in Signa* nº 9, 2000, pp. 211-255 // Madrid, SGAE, 2000, *in Testimonios del*

teatro español : 1950-2000, vol. I, Ottawa, Girol Books, 2002 // Digital: www.celcit.org.ar.

La mujer de mi vida, Escena, nº 64, Madrid, 1999.

BRGS, in Estreno vol XXVI, nº 2, 2000, p. 19 // *Cuadernos escénicos* nº 2, 2000, p. 96 // *in Teatro para minutos*, Madrid, Ñaque, 2001, pp. 33-37.

El Gordo y el Flaco, in Acotaciones, nº 7, 2001, pp. 95-138 // *Palabra de perro / El Gordo y el Flaco*, Madrid, Teatro del Astillero, 2004, pp. 59-111 // Digital: www.celcit.org.ar.

La mano izquierda, in Ecos y silencios, Ñaque, Ciudad Real, 2001, pp. 80-87.

Una carta de Sarajevo, in Teatro para minutos, Madrid, Ñaque, 2001, pp. 39-45 // Digital: www.atelier-traduction.com.

Encuentro en Salamanca, in Vidas y ficciones de la ciudad de Salamanca, Salamanca, Consorcio Salamanca 2002, pp. 14-26.

La biblioteca del diablo, in La noticia del día, Madrid, La Avispa, 2001, pp. 127-135.

Himmelweg, in Historias de las fotografías, Madrid, Caja Madrid, 2002, pp. 121-131.

Camino del cielo, Unheimliche. Lo siniestro, Madrid, Teatro del Astillero, 2002, pp. 75-82 // *Exilios*, Buenos Aire, Biblos, 2003, pp. 89-93 // *in Teatro breve entre dos siglos*, Cátedra, Madrid 2004, pp. 363-369 (edición de Virtudes Serrano).

Sonámbulo, in Primer Acto nº 300, 2003, pp. 27-53.

Animales nocturnos, in Animales nocturnos / El sueño de Ginebra / El traductor de Blumemberg, Madrid, La Avispa, 2003, pp. 7-49 // Digital: www.cnice.mecd.es/wt/index.html.

Tres anillo, in Intolerancia, Madrid, Teatro del Astillero, 2004, pp. 20-24.

Palabra de perro, in Palabra de perro / El Gordo y el Flaco, Madrid, Teatro del Astillero, 2004, pp. 5-57.

Últimas palabras de Copito de Nieve, Ciudad Real, Ñaque, 2004.

Traductions

Le bon voisin. Traduction de Claude Demarigny, inédite.

Articles autour de Juan Mayorga

« El teatro como arte de la existencia consciente : *El hombre de oro* de Juan Mayorga », *in Gestos,* 24, 1997, pp. 150-52.

« El teatro como palimpsesto : la configuración posmoderna de la dramaturgia de Juan Mayorga », *in ALPHA*, 15, 1999, pp. 127-45.

« Postmodern Rhetoric in Three Plays by Juan Mayorga », *in Estreno*, 26.2, 2000, pp. 8-11.

« Juan Mayorga : una voz del teatro español actual », *in Estreno*, 26.2, 2000, pp. 12-14.

« Character as the Site of Postmodern Inquiry in *Cartas de amor a Stalin* », *in Ojáncano*, 24, 2003, pp. 3-22.
« Transgresiones de vida y arte en *Cartas de amor a Stalin*, de Juan Mayorga », *in Neophilologus*, 88, 2004, pp. 73-80.

Articles de Juan Mayorga sur le théâtre

« Los tres caminos del contrabandista », *in El traductor de Blumemberg*, Ministerio de Cultura, Madrid, 1993, pp. 19-22.
« La humanidad y su doble », *in Pausa*, n° 17-18, pp. 158-162.
« Crisis y crítica » in *Primer Acto,* n° 262, p. 118
« Teatro y Shock », *in Cuadernos de dramaturgia contemporánea*, n° 1, Alicante, 1996, pp. 43-44.
« Shock» *in Primer acto,* n° 273, p. 124.
« Shock y experiencia » *in UBU*, n° 4, p. 4.
« El dramaturgo como historiador » *in Primer acto*, n° 280, pp. 8-10.
« Cultura global y barbarie global », *in Primer acto*, n° 280, pp. 60-62.
« Bulgákov : la necesidad de la sátira », *in Nueva Revista*, n° 66, pp. 134-141.
« El honor de los vencidos : la guerra de las Alpujarras en Calderón », *in Acotaciones*, n° 3, RESAD, 1999, pp. 20-36.

Marcelo Lobera

Œuvres en français

Éclats de voix.
Roman pour rire.

Adaptations théâtrales

Muñecos de trapo de Huilo RUALES
Historia de Cronopios de Julio CORTÁZAR

Traductions en français

Notas de cocina de Rodrigo GARCÍA (PUM)
Por narices de Alfonso ZURRO (PUM)
¡A ver un aplauso! de César de MARÍA (PUM)
El otoño recorre las islas de Carlos BECERRA

Traduction espagnole

J.S. Sinisterra, Una Dramaturgia de las fronteras de Monique Martinez Thomas (en collaboration avec Félix Martín), Ciudad Real, Ñaque, 2004.

El gordo y el flaco /
C’est moi le gros et toi le petit

Juan Mayorga

El grito de los espejos /
Le cri des miroirs

Marcelo Lobera

EL GORDO Y EL FLACO

(Esta pieza puede ser interpretada por un gordo y un flaco o por dos hombres de peso semejante. Podría suceder que el llamado « Flaco » fuese más gordo que el llamado « Gordo »).

C'EST MOI LE GROS ET TOI LE PETIT

(Cette pièce peut être interprétée par un grand costaud et un petit maigre ou par deux hommes de même corpulence. Il pourrait même arriver que celui que l'on appelle « Le Petit » soit plus gros que celui que l'on appelle « Le Gros ».)

(En una habitación de hotel. La cama es de matrimonio.
El Gordo y el Flaco apenas se parecen a Hardy y a Laurel. Bueno, esa ropa en blanco y negro podría ser de Laurel y Hardy. Y, de vez en cuando, en un gesto, en un acento, estos tipos pueden recordar a Laurel y Hardy. Si es que todavía alguien guarda memoria de ellos.)
GORDO: ¿Palabras o movimientos?
(El Flaco se encoge de hombros. El Gordo y el Flaco van a sus posiciones originales.)
GORDO: « Dos en Manhattan ». Antecedentes: El « New York Times »...
(Le interrumpe el grito de Tarzán, que viene de la habitación de al lado.)
GORDO: Alguien debería ir y decirle que no es el verdadero Tarzán. *(Golpea la pared de la que viene el grito.)* ¡No eres Tarzán! *(Pausa.)* ¿En qué estábamos? Ah, sí: ¿Palabras o movimientos?
(El Flaco se encoge de hombros. El Gordo vuelve a su posición original.)
GORDO: « Dos en Manhattan ». Antecedentes: El « New York Times » titula en primera página...
(Se interrumpe al descubrir una mancha en el suelo, junto a la puerta. Silencio.)
GORDO: Yo no uso zapatillas de maratón.
FLACO: ¿?
(El Gordo señala la mancha.)
GORDO: ESA HUELLA NO ES MÍA.
(Eleva el pie hasta poner su calzado ante los ojos del Flaco. Éste compara la suela con la mancha.)
FLACO: En efecto, no te pertenece. Pero no es una huella de maratón. Es una mancha común.
GORDO: Conque una mancha común.
(El Gordo observa la mancha. La compara con la suela de cuanto calzado encuentra debajo de la cama. El Flaco le ayuda.
El Gordo es tan ordenado como desordenado es el Flaco. Ambos tienen todo tipo de problemas con cualquier objeto. El Flaco siempre acaba rindiéndose al objeto; el Gordo fracasa una y otra vez, pero siempre vuelve a intentarlo.
No encuentran suela que corresponda a la mancha.)
GORDO: Deberíamos numerarnos.
FLACO: ¿Para qué?
GORDO: Para distinguirnos.
FLACO: Buena idea: numerarnos. ¡Uno!
GORDO: ¡Dos!
FLACO: ¡Tres!

(Une chambre d'hôtel. Le lit est un lit double.
C'est à peine si Le Gros et Le Petit ressemblent à Laurel et Hardy. Enfin bon, ces vêtements en noir et blanc pourraient être ceux de Laurel et Hardy. Et, de temps à autre, par une expression, une intonation, ces deux types peuvent faire penser à Laurel et Hardy. Si tant est que quelqu'un s'en souvienne encore.)
LE GROS: Texte ou action ?
(Le Petit hausse les épaules. Le Gros et Le Petit prennent leurs positions d'origine.)
LE GROS: « Deux à Manhattan ». Scène précédente : Le « New York Times »...
(Il est interrompu par le cri de Tarzan, qui vient de la chambre voisine.)
LE GROS: Quelqu'un devrait aller lui dire qu'il n'est même pas le vrai Tarzan. *(Il frappe contre le mur d'où est venu le cri.)* Tu n'es pas Tarzan ! *(Pause.)* On en était où ? Ah, oui : texte ou action ?
(Le Petit hausse les épaules. Le Gros revient à sa position d'origine.)
LE GROS: « Deux à Manhattan ». Scène précédente : Le « New York Times » titre à la une...
(Il s'interrompt en découvrant une tache sur le sol, près de la porte. Silence.)
LE GROS: Moi, je ne porte pas de chaussures de course.
LE PETIT: ???
(Le Gros montre la tache.)
LE GROS: CETTE EMPREINTE N'EST PAS À MOI.
(Il lève le pied jusqu'à ce que sa chaussure soit au niveau des yeux du Petit. Celui-ci compare la semelle avec la tache.)
LE PETIT: En effet, ce n'est pas la tienne. Mais ce n'est pas une empreinte de chaussure de course. C'est une tache comme une autre.
LE GROS: Ah oui, une tache comme une autre !
(Le Gros observe la tache. Il la compare avec les semelles de toutes les chaussures qui se trouvent sous le lit. Le Petit l'aide.
Le Gros est aussi ordonné que Le Petit est désordonné. Quel que soit l'objet qu'ils manipulent, ils rencontrent l'un comme l'autre toutes sortes de difficultés. Le Petit finit toujours par céder devant l'objet ; Le Gros échoue à chaque fois, mais il réessaie toujours.
Ils ne trouvent pas de semelle qui corresponde à la tache.)
LE GROS: Nous devrions nous donner des numéros.
LE PETIT: Pourquoi faire ?
LE GROS: Pour nous différencier.
LE PETIT: Bonne idée : donnons-nous des numéros. Un !
LE GROS: Deux !
LE PETIT: Trois !

GORDO: Si eres el uno, no puedes ser el tres.
FLACO: Entonces: ¡Tres!
(Precisamente entonces, alguien llama a la puerta. El Gordo y el Flaco, asustados, se caen de culo al unísono. El Flaco se protege como si fuesen a pegarle en la cabeza. El Gordo va a abrir; el Flaco le sigue. El Gordo se detiene bruscamente y el Flaco tropieza con él, haciéndose daño en la nariz. El Gordo mira al público como diciendo: « Pero qué paciencia tengo que tener ». El Gordo abre.)
GORDO: No hemos pedido ninguna toalla. Tenemos toallas de sobra. Tenemos toallas para parar un tren.
(Cierra de un portazo a alguien a quien el Flaco, pese a sus esfuerzos, no ha llegado a ver.)
GORDO: Te has levantado con ganas de bronca, ¿eh? Hoy estás buscando bronca.
(El Flaco niega.)
GORDO: Precisamente el día de nuestro aniversario. Se ve que te has levantado con ganas de discutir.
(El Flaco niega.)
GORDO: Los días que te levantas así, me dan ganas de agarrar el petate. Los días que te levantas así, me recuerdas a aquel negro antipático. ¿Cómo se llamaba?
(El Flaco no sabe.)
GORDO: ¿Cuándo fue?
(El Flaco no sabe.)
GORDO: Ya recuerdo cuándo: el 15 de Septiembre. Escurridizo como una lagartija, y metía bien los puños. ¿Gané a los puntos o por KO?
FLACO: ¿Cómo quieres que lo sepa? Yo no estaba allí.
GORDO: ¿Cómo que no?
FLACO: ¿El 15 de Septiembre?
GORDO: ¿Cómo es que no estabas conmigo? ¿Con quién estabas?
FLACO: Nos encontramos DURANTE la guerra. Septiembre es ANTES de la guerra.
(Silencio.)
GORDO: Entonces, ¿no son tus manos las que me secan el sudor de la cara con una toalla, mientras el público grita « ¡Mátalo!, ¡mátalo! »? ¿Puedes escucharlo? « ¡Mátalo!, ¡mátalo! ».
(El Flaco intenta escuchar el clamor del público. Algo consigue oír.)

LE GROS: Si tu es le un, tu ne peux pas être le trois.

LE PETIT: Alors, trois !

(Juste à ce moment, quelqu'un frappe à la porte. Le Gros et Le Petit, effrayés, tombent sur les fesses dans un même mouvement. Le Petit se protège comme si on allait le taper sur la tête. Le Gros va ouvrir; Le Petit le suit. Le Gros s'arrête brusquement et Le Petit se cogne à lui, se faisant mal au nez. Le Gros regarde le public, d'un air de dire : « Mais quelle patience il me faut ! » Le Gros ouvre la porte.)

LE GROS: Nous n'avons pas demandé de serviette. Nous avons déjà trop de serviettes. Nous avons des serviettes par-dessus la tête.

(Il claque la porte au nez de quelqu'un que Le Petit, malgré tous ses efforts, n'a pas réussi à voir.)

LE GROS: Toi, tu t'es levé avec des envies de bagarre, c'est ça ? Aujourd'hui, tu cherches la bagarre.

(Le Petit fait signe que non.)

LE GROS: Justement le jour de notre anniversaire. Tu t'es levé avec des envies de disputes, c'est clair.

(Le Petit fait signe que non.)

LE GROS: Quand tu te lèves de cette humeur, ça me donne envie de me faire la malle. Quand tu te lèves de cette humeur, tu me rappelles ce noir antipathique. Comment il s'appelait ?

(Le Petit n'en sait rien.)

LE GROS: C'était quand ?

(Le Petit n'en sait rien.)

LE GROS: Ça y est, je me souviens : c'était le 15 septembre. Un noir fuyant comme une anguille, et qui se battait bien. J'ai gagné aux points ou par K.O. ?

LE PETIT: Comment veux-tu que je le sache ? Je n'étais pas là.

LE GROS: Comment ça, tu n'étais pas là ?

LE PETIT: Le 15 septembre ?

LE GROS: Comment se fait-il que tu n'aies pas été avec moi ? Avec qui tu étais ?

LE PETIT: On s'est rencontrés PENDANT la guerre. Septembre, c'était AVANT la guerre.

(Silence.)

LE GROS: Mais alors, ce ne sont pas tes mains qui épongent la sueur sur mon visage avec une serviette pendant que les gens crient « Tue-le ! Tue-le ! » ? Tu peux les entendre ? « Tue-le ! Tue-le ! ».

(Le Petit essaie d'écouter la clameur du public. Il parvient à entendre quelque chose.)

FLACO: ¿Se refieren al negro?
GORDO: Se refieren a mí. El público está con el otro. El público siempre está con el otro, en todos los combates.
(El Gordo se mueve sobre la cama como un púgil sobre el ring. El Flaco mantiene la oreja en el aire.)
FLACO: Ahora lo oigo nítidamente: « ¡Mátalo!, ¡mátalo! ». Pero no se refieren a ti.
GORDO: ¿No?
FLACO: Ningún árbitro te ha dejado nunca subir al ring. Siempre has tenido problemas con la báscula.
GORDO: ¿Demasiado peso?
FLACO: Cien gramos de más. Lástima, porque tu opercut no tiene rival.
(El Gordo contempla su propio puño. Lanza un opercut al aire, exclamando: « ¡Opercut! ». Otro. Exclama « ¡Opercut! » cada vez que golpea el aire. Se hincha de orgullo.)
GORDO: En cambio, menuda birria es tu crochet.
(El Flaco, en pie sobre la cama, lanza un crochet al aire. Otro. Cada vez que golpea el aire, exclama tímidamente: « ¡Crochet! ».)
FLACO: Igual me da. Nunca me dejan combatir.
GORDO: Siempre te faltan cien gramos.
FLACO: Siempre hemos tenido problemas con la báscula.
(Pausa.)
FLACO: La gente le da mucha importancia a lo que pesas. Lo primero que hacen es ponerte en una báscula. « Dos novecientos »: lo primero que mi padre supo de mí. Nada de « Tristón », o « Pusilánime », o « Metepatas ». « Dos novecientos ».
GORDO: A mi viejo, igual. « Tres cien ». Nada de « Optimista », « Emprendedor », « Desafortunado ». « Tres cien ». Desde el principio tuvimos problemas con la báscula.
FLACO: Todos mis hermanos, tres kilitos, ni un gramo más ni un gramo menos.
GORDO: Mis hermanos, igual: tres kilitos, lo clavaron.
FLACO: Yo, en cambio... A los once meses, cuatro cien.
GORDO: Yo nueve ochocientos a los cinco meses.
FLACO: Seis seiscientos a los cuatro años.
GORDO: Treinta y nueve cuatrocientos a los tres.
FLACO: Trece a los quince.
GORDO: Ochenta y dos a los catorce.
FLACO: Treinta y cuatro a los dieciocho.

LE PETIT: Ils parlent du noir ?

LE GROS: Ils parlent de moi. Le public est du côté de l'autre. Le public est toujours du côté de l'autre, dans tous les combats.

(Le Gros se déplace sur le lit comme un boxeur sur un ring. Le Petit continue à tendre l'oreille.)

LE PETIT: Maintenant, je l'entends, c'est net : « Tue-le ! Tue-le ! ». Mais ils ne parlent pas de toi.

LE GROS: Ah non ?

LE PETIT: Aucun arbitre ne t'a jamais laissé monter sur un ring. Tu as toujours eu des problèmes avec la balance.

LE GROS: J'étais trop lourd ?

LE PETIT: De cent grammes. Dommage, parce que ton uppercut est sans égal.

(Le Gros contemple son propre poing. Il lance un uppercut dans le vide, en criant « Uppercut ! ». Nouvel uppercut. Il crie « Uppercut ! » chaque fois qu'il frappe dans le vide. Il se gonfle d'orgueil.)

LE GROS: Par contre, ton crochet est vraiment à chier.

(Le Petit, debout sur le lit, lance un crochet dans le vide. Et un autre. Chaque fois qu'il frappe dans le vide, il profère un timide : « Crochet ! ».)

LE MAIGRE: Je m'en fous. On ne me laisse jamais boxer.

LE GROS: Il te manque toujours cent grammes.

LE PETIT: On a toujours eu des problèmes avec la balance.

(Pause.)

LE PETIT: Les gens accordent une importance folle au poids. La première chose qu'on fait c'est de te mettre sur une balance. « Deux kilos neuf cents » : c'est la première chose que mon père a su de moi. Pas de : « Tristounet », ou « Timoré », ou « Gaffeur ». Non, « Deux kilos neuf cents ».

LE GROS: Pareil pour mon paternel. « Trois kilos cent ». Pas de : « optimiste », « Entreprenant », « Malchanceux ». Non, « Trois kilos cent ». Depuis le début, on a eu des problèmes avec la balance.

LE PETIT: Tous mes frères faisaient trois kilos, pas un gramme de plus, pas un gramme de moins.

LE GROS: Pareil pour mes frères : trois kilos, pile poil.

LE PETIT: Moi, par contre... À onze mois, je faisais quatre kilos cent.

LE GROS: Et moi, neuf kilos huit cents à cinq mois.

LE PETIT: Six kilos six cents à quatre ans.

LE GROS: Trente-neuf kilos quatre cents à trois ans.

LE PETIT: Treize kilos à quinze ans.

LE GROS: Quatre-vingt-deux kilos à quatorze ans.

LE PETIT: Trente-quatre kilos à dix-huit ans.

GORDO: A los dieciocho, ciento cuarenta y seis.
FLACO: En la playa, todo el mundo me miraba.
GORDO: En la playa, la gente se sentaba a mi alrededor a mirarme.
FLACO: Siempre hemos tenido problemas con la báscula.
(Pausa.)
GORDO: ¿Cuánto crees que pesa el nuevo botones?
(El Flaco cae de culo.)
FLACO: ¿El nuevo botones?
GORDO: *(Al público.)* Éste se cree que me chupo el dedo. *(Al Flaco.)* ¿No te has fijado en él? Hace un momentito. No había nadie más. Éramos tres. El tercero era él, el nuevo botones. ¿Qué peso le echas?
(El Flaco no sabe. Se pone en pie, doliéndose del golpazo.)
FLACO: Siempre hemos tenido problemas con la báscula.
GORDO: Hasta que a alguien se le ocurrió la IDEA. La humanidad está en deuda con los ideólogos. Franklin, por ejemplo. *(El Flaco se distrae con cualquier cosa, lo que irrita al Gordo. Éste le obliga a prestar atención.)* Franklin ve la antena y la chispa y se le ocurre: « Vamos a juntarlas ». Igualito aquel ideólogo al que se le ocurrió la idea del Gordo y el Flaco. Ve a uno por allí, a otro por allá, y dice: la risa que debe de dar, ver juntos a estos dos tíos.
(De debajo de la cama saca un espejo. Está lleno de polvo. Para limpiarlo, el Gordo pide ayuda al Flaco, que tarda en reaccionar. El Flaco mancha de polvo al Gordo. Del modo más inverosímil, limpian el espejo. Se contemplan en él. Silencio.)
GORDO: En seguida nos dimos cuenta de que era una gran idea. Todos se tronchaban nada más vernos. ¿No es graciosísimo? ¿No es para morirse de risa?
(Se troncha. El Flaco no se atreve a no reír.)
FLACO: *(Osando apenas.)* Y sin embargo...
GORDO: ¿Sin embargo?
(Al Gordo se le ha cortado la risa.)
FLACO: Alguien podría pensar que podríamos renovar nuestra imagen.
GORDO: ¿?
FLACO: Alguien podría pensar que podríamos introducir algún cambio en nuestro vestuario.
GORDO: ¿Qué tiene de malo nuestro vestuario?
FLACO: Alguien podría pensar que podría ser anticuado.
GORDO: Tonterías.

LE GROS: À dix-huit ans, je faisais cent quarante-six kilos.
LE PETIT: À la plage, tout le monde me regardait.
LE GROS: À la plage, les gens s'asseyaient autour de moi pour me regarder.
LE PETIT: On a toujours eu des problèmes avec la balance.
(Pause.)
LE GROS: Combien tu crois que pèse le nouveau groom ?
(Le Petit tombe sur les fesses.)
LE PETIT: Le nouveau groom ?
LE GROS: *(Au public.)* Et il croit que je vais gober ça. *(Au Petit.)* Tu ne l'as pas remarqué ? Tout à l'heure. Il n'y avait personne d'autre. On était trois. Et le troisième c'était lui, le nouveau groom. Il fait quel poids à ton avis ?
(Le Petit n'en sait rien. Il se lève, gémissant à cause de sa chute.)
LE PETIT: On a toujours eu des problèmes avec la balance.
LE GROS: Jusqu'à ce que quelqu'un ait l'IDÉE. L'humanité doit beaucoup aux idéologues. Franklin, par exemple. *(Le Petit se laisse distraire par n'importe quoi, ce qui agace Le Gros. Il l'oblige à être attentif.)* Franklin voit l'antenne et l'éclair, et il a l'idée : « Et si on les associait ». Pareil pour ce grand idéologue qui a eu l'idée du Gros et du Petit. Il voit l'un par-ci, l'autre par-là, et il se dit : qu'est-ce que ça doit être rigolo, de voir ces deux types ensemble.
(Il sort un miroir de dessous le lit. Il est plein de poussière. Pour le nettoyer, Le Gros demande son aide au Petit, qui tarde à réagir. Le Petit met de la poussière sur Le Gros. Ils nettoient le miroir de la manière la plus invraisemblable. Ils se regardent dedans. Silence.)
LE GROS: On s'est tout de suite rendu compte que c'était une grande idée. Tout le monde se marrait rien qu'à nous voir. C'est super drôle, non ? C'est à mourir de rire, non ?
(Il se marre. Le Petit n'ose pas ne pas rire.)
LE PETIT: *(Il ose à peine.)* Et pourtant...
LE GROS: Et pourtant ?
(Le Gros a arrêté de rire.)
LE PETIT: Il y en a qui pourraient penser que nous pourrions renouveler notre image.
LE GROS: ???
LE PETIT: Il y en a qui pourraient penser que nous pourrions introduire un peu de changement dans nos costumes.
LE GROS: Qu'est-ce qu'ils ont de mal, nos costumes ?
LE PETIT: Il y en a qui pourraient penser qu'ils pourraient être démodés.
LE GROS: N'importe quoi.

FLACO: Alguien podría echar en falta un poquito de color.
GORDO: Si nos viese cubiertos de colorines, nuestro público quemaría la pantalla.
FLACO: Un detallito. Una manchita.
GORDO: Empezamos por una manchita de color y acabamos vestidos como maricones.
FLACO: Una pizca. En la corbata.
GORDO: ¡No! *(Se ha enfadado muchísimo. Al público:)* Está visto que lo del espejito ha sido una ocurrencia desafortunada. Voy a encender la tele, a ver si mejora la situación. *(Quiere ir hacia la tele, pero el Flaco lo retiene ante el espejo.)*
FLACO: Si aquel combate fue en Septiembre... ¿Qué edad tenemos ahora?
GORDO: No sé. No lo sé todo. No puedo saberlo todo.
FLACO: ¿Te parece mal que hablemos de estas cosas?
GORDO: Sin abusar. No olvides que somos materialistas.
FLACO: ¿Crees que la gente puede entendernos? Me refiero al lenguaje. Las palabras.
GORDO: Por supuesto que no pueden entendernos. Somos especialistas.
FLACO: ¿Somos tan viejos?
GORDO: Viejos o jóvenes, eso es relativo. Depende de con quién te compares.
(Rumia: « Cualquier día agarro el petate y no me vuelve a ver el pelo ». Se echa en la cama y enciende la tele. Lo que ve en pantalla le desagrada: una película de Chaplin.)
FLACO: *(A su propia imagen, en el espejo.)* Sexo seguro. Monogamia. Funcionariado. ¿Es ésa tu forma de entender la vida?
(El Gordo le chista.)
GORDO: *(Quedo, como si el público no debiera escucharlo.)* ¿Qué pasa? ¿Es que el próximo gag no va contigo?
FLACO: *(Quedo.)* ¿Cuál es el próximo gag?
GORDO: *(Quedo.)* Lo de Chaplin. El gag de Chaplin.
(El Flaco se echa en la exigua región de cama que el Gordo deja libre. Se hacen gestos como equilibristas que hubiesen de sincronizar sus movimientos. En la tele siguen pasando la película de Chaplin.)
GORDO: Los muy hijosdeputa. Tampoco hoy han encontrado tiempo para el Gordo y el Flaco. Charlie Chaplin... Ese tío soso.

LE PETIT: Il y en a qui pourraient regretter l'absence d'un peu de couleur.
LE GROS: S'il nous voyait couverts de couleurs bariolées, notre public brûlerait l'écran.
LE PETIT: Mais juste un petit détail. Une petite tache.
LE GROS: On commence par une petite tache et on finit habillés comme des *drags queens.*
LE PETIT: Une touche. Sur la cravate.
LE GROS: Non ! *(Il est très en colère. Au public :)* Il est clair que le coup du miroir a été une mauvaise idée. Je vais allumer la télé, peut-être que ça va arranger la situation. *(Il veut se diriger vers la télé, mais Le Petit le retient devant le miroir.)*
LE PETIT: Si ce fameux combat a eu lieu en septembre... ça nous fait quel âge maintenant ?
LE GROS: Je sais pas. Je sais pas tout. Je ne peux pas tout savoir.
LE PETIT: Tu crois que c'est mal qu'on parle de ces choses-là ?
LE GROS: À condition de ne pas abuser. N'oublie pas que nous sommes matérialistes.
LE PETIT: Tu crois que les gens peuvent nous comprendre ? Je parle de notre langage. De nos mots.
LE GROS: Bien sûr qu'ils ne peuvent pas nous comprendre. Nous sommes des spécialistes.
LE PETIT: On est si vieux que ça ?
LE GROS: Jeunes ou vieux, tout ça c'est relatif. Ça dépend avec qui tu te compares.
(Il grommelle : « Un de ces jours, je vais me faire la malle et tu ne me reverras pas même en peinture ». Il se jette sur le lit et allume la télé. Ce qu'il voit à l'écran lui déplaît : c'est un film de Chaplin.)
LE PETIT: *(À son propre reflet dans le miroir.)* Le sexe sans risque. La monogamie. Le fonctionnariat. C'est comme ça que tu vois la vie, toi ?
(Le Gros le fait taire.)
LE GROS: *(Tout bas, comme si le public ne devait pas l'entendre.)* Qu'est-ce qu'il se passe ? Le prochain sketch ne te va pas ?
LE PETIT: *(Tout bas.)* C'est quoi le prochain sketch ?
LE GROS: *(Tout bas.)* Celui de Chaplin. Le sketch de Chaplin.
(Le Petit s'étend sur la partie exiguë du lit que Le Gros laisse libre. Ils se font des signes, comme deux équilibristes qui devraient synchroniser leurs mouvements. À la télé, le film de Chaplin continue à passer.)
LE GROS: Les fils de pute ! Aujourd'hui non plus, ils n'ont pas trouvé de créneau pour nous. Charlie Chaplin… ce type insipide.

FLACO: Tío plomo.
(El Gordo interrumpe la acción. Coloca al Flaco en otra postura.)
GORDO: Charlie Chaplin... Ese tío soso.
FLACO: Tío plomo.
GORDO: Castaña.
FLACO: Coñazo. Toda la vida repitiendo las mismas payasadas. Toda la vida haciendo las mismas payasadas por culpa del cine.
GORDO: No hables mal del cine.
FLACO: ¿Se ha acabado ya el gag de Chaplin?
GORDO: Gracias al cine estamos donde estamos.
(Del minibar saca palomitas de maíz. De debajo de la cama, un montón de cintas de vídeo. Duda entre dos vídeos: ¿ « Dos en Pekín » ? ¿ « Dos en Transilvania » ? Pone uno. Es una peli de Laurel y Hardy. El Gordo se descojona con la peli. Dobla la voz de Hardy.)
FLACO: Gracias al cine estamos donde estamos. ¿Dónde estamos?
GORDO: ¿No lo sabes? A la izquierda.
FLACO: Sé que estamos a la izquierda. Pero a la izquierda ¿de qué?
GORDO: Tú sabrás. Tú eres el que te asomas al pasillo.
FLACO: *(Mirándose una mano y luego la otra.)* ¿Y si nos hemos equivocado de orientación?
GORDO: Te asomas, ¿te crees que me chupo el dedo? Ahora, que el día menos pensado agarro el petate y no me vuelves a ver el pelo.
(Bosteza. La peli le está aburriendo.)
GORDO: Si no me importa. Tú asómate, que no me importa. A ti te gusta asomarte. A él le gusta que te asomes.
(Se duerme.)
FLACO: ¿A quién?
(Se da cuenta de que el Gordo se ha dormido. El Flaco mira la puerta. Sigilosamente, se mueve hacia ella. A un respingo del Gordo reacciona el Flaco volviendo a la cama de un salto. Falsa alarma: el Gordo ronca. El Flaco va a volver a intentarlo. De pronto, el Gordo despierta asustado, salta de la cama como si fuera un lugar peligroso y mira al Flaco con desconfianza. Está a un lado de la cama, como en una trinchera.)
GORDO: He tenido una pesadilla.
FLACO: ¿Sí?
GORDO: He soñado contigo.
FLACO: ¿?

LE PETIT: Ce raseur.
(Le Gros interrompt l'action. Il place Le Petit dans une posture différente.)
LE GROS: Charlie Chaplin… ce type insipide.
LE PETIT: Raseur.
LE GROS: Casse-noisettes.
LE PETIT: Casse-pieds. Toute sa vie à répéter les mêmes pitreries. Toute sa vie à faire les mêmes pitreries et tout ça à cause du cinéma.
LE GROS: Ne dis pas de mal du cinéma.
LE PETIT: Ça y est, le sketch de Chaplin est fini ?
LE GROS: C'est grâce au cinéma qu'on est là où on est.
(Il sort du pop-corn du minibar. Et un tas de cassettes vidéo de dessous le lit. Il hésite entre deux cassettes : « Deux à Pékin ? » « Deux en Transylvanie ? » Il en met une. C'est un film de Laurel et Hardy. Le Gros se marre en regardant le film. Il double la voix de Hardy.)
LE PETIT: C'est grâce au cinéma qu'on est là où on est. Et on est où ?
LE GROS: Tu ne le sais pas ? On est à gauche.
LE PETIT: Je sais qu'on est à gauche. Mais à gauche de quoi ?
LE GROS: Tu dois bien le savoir. C'est toi qui te montres dans le couloir.
LE PETIT: *(Il regarde une de ses mains et puis l'autre.)* Et si on s'était trompé d'orientation ?
LE GROS: Tu te montres. Tu crois que je gobe n'importe quoi, hein ? D'accord, mais le jour où tu t'y attendras le moins, je vais me faire la malle et tu ne me reverras même pas en peinture.
(Il baille. Le film l'ennuie.)
LE GROS: Je m'en fiche. Vas-y, montre-toi, je m'en fiche. Toi, tu aimes te montrer. Et lui il aime que tu te montres.
(Il s'endort.)
LE PETIT: Qui ?
(Il se rend compte que Le Gros s'est endormi. Le Petit regarde la porte. Précautionneusement, il se glisse vers elle. Un sursaut du Gros fait réagir Le Petit qui regagne le lit d'un bond. Fausse alarme : Le Gros ronfle. Le Petit va réessayer. Soudain, Le Gros se réveille, effrayé, saute du lit comme s'il s'agissait d'un lieu dangereux et regarde Le Petit avec défiance. Il se tient à côté du lit, comme s'il était dans une tranchée.)
LE GROS: J'ai fait un cauchemar.
LE PETIT: Ah oui ?
LE GROS: J'ai rêvé de toi.
LE PETIT: ???

GORDO: Yo estaba FUERA. Quería entrar. Pero tú estabas en la puerta y me lo prohibías. Yo te preguntaba: « ¿Y si te la chupo? ». Tú: « Te dejaré que lo hagas, para que no pienses que no lo has intentado todo. Pero, por favor, límpiate los dientes primero ».

(Pausa.)

GORDO: Bah, es sólo un sueño. El caso es que, al despertar, estoy DENTRO.

(Se echa como antes.)

FLACO: Pues yo también he tenido una pesadilla.

GORDO: ¿Tú solito?

FLACO: He soñado contigo.

GORDO: ¿?

FLACO: Para follar, te habías cortado el miembro. Yo te decía: « No era necesario tanto. Un condón habría bastado ».

(Pausa. El Gordo se mira entre las piernas, debajo de la sábana.)

GORDO: Bah, es sólo un sueño.

(Vuelve a ver la peli. Se descojona. Dobla la voz de Hardy. Bosteza.)

GORDO: Si no me importa. Tú asómate al pasillo, que no me importa. A ti te gusta asomarte. A él le gusta que te asomes.

FLACO: ¿A quién?

GORDO: ¿A cuántos has conocido ya? Al principio, todos parecen una mosquita muerta: « No quiero pasarme la vida subiendo y bajando maletas voy a meter las propinas en una hucha me voy a pagar un curso por correspondencia en seis meses me saco el título de recepcionista... perdóneme ya sé que no se debe hablar con los clientes es mi primer día estoy un poco nervioso en alguna habitación deben de estar esperando esta toalla ». Todos son iguales, pero a ti cada uno de ellos te parece extraordinario. Anda, asómate. Si lo estás deseando.

(El Flaco hace un gesto de desgana.)

FLACO: Lo que me gustaría es ver este lugar desde fuera.

(Silencio. Al Gordo le resulta insólito el deseo que el Flaco acaba de exponer. Apaga el vídeo.)

GORDO: El hotel, ¿desde la acera de enfrente? ¿A eso te refieres?

(El Flaco da vueltas mirando el lugar.)

GORDO: Tú verás qué haces. Acabarás por pararte, así que más vale que lo hagas ya. Acabarás por marearte. ¿Es ésa tu intención, marearte?

(El Flaco sigue dando vueltas, mirando el lugar. Se detiene.)

FLACO: ¿Es esto un hogar?

GORDO: En cierto sentido, sí.

LE GROS: Moi, j'étais DEHORS. Je voulais rentrer. Mais toi, tu étais à la porte et tu me l'interdisais. Je te demandais : « Et si je te suce ? ». Et toi : « Je te laisserai faire, pour que tu ne penses pas que tu n'as pas tout essayé. Mais, s'il te plaît, lave-toi d'abord les dents. »

(Pause.)

LE GROS: Bah, c'est juste un rêve. Le fait est que, maintenant que je suis réveillé, je suis DEDANS.

(Il se couche comme avant.)

LE PETIT: Et bien moi aussi, j'ai fait un cauchemar.

LE GROS: Toi tout seul ?

LE PETIT: J'ai rêvé de toi.

LE GROS: ???

LE PETIT: Pour baiser, tu t'étais coupé le sexe. Et moi je te disais : « C'était pas nécessaire d'en faire autant. Une capote aurait suffi. »

(Pause. Le Gros regarde entre ses jambes, sous le drap.)

LE GROS: Bah, c'est juste un rêve.

(Il se remet à regarder le film. Il se marre. Il double la voix de Hardy. Il baille.)

LE GROS: Je m'en fiche. Vas-y, montre-toi, je m'en fiche. Toi, tu aimes te montrer. Et lui il aime que tu te montres.

LE PETIT: Qui ?

LE GROS: Combien tu en as connu déjà ? Au début, ils ont tous l'air de saintes-nitouches : « je ne compte pas passer ma vie à monter et descendre des valises je vais mettre les pourboires de côté je vais me payer des cours par correspondance dans six mois je suis réceptionniste... pardon je sais bien qu'on ne doit pas parler avec les clients c'est mon premier jour je suis un peu nerveux une des chambres doit attendre cette serviette ». C'est tous les mêmes, mais toi tu trouves chacun d'entre eux extraordinaire. Allez vas-y, montre-toi. Tu en as envie.

(Le Petit fait un geste d'indifférence.)

LE PETIT: Ce que j'aimerais c'est voir cet endroit de dehors.

(Silence. Le Gros trouve insolite le désir que Le Petit vient d'exprimer. Il arrête le film.)

LE GROS: Voir l'hôtel depuis le trottoir d'en face ? C'est ce que tu veux dire ?

(Le Petit tourne et retourne en examinant les lieux.)

LE GROS: À toi de voir ce que tu fais. Tu vas bien finir par t'arrêter, alors autant que tu le fasses maintenant. Tu vas finir par avoir envie de vomir. C'est ça ton but, avoir envie de vomir ?

(Le Petit continue à tourner et retourner, en examinant les lieux. Il s'arrête.)

LE PETIT: Ça c'est un foyer ?

LE GROS: En un sens, oui.

FLACO: ¿Somos una familia?
GORDO: En cierto sentido.
FLACO: ¿Somos un matrim...?
GORDO: ¡¡¡No!!!
(Pausa.)
GORDO: Somos... Una dualidad... No, una dualidad no, una dicotomía... Una bisección... Una pluralidad... Un grupo. Eso es: un grupo. Un grupo simpático... No, simpático no, un grupo... animado... jovial... alegre... Eso es: somos un grupo alegre.
FLACO: Pero...
GORDO: No hay pero que valga. Somos un grupo alegre el día de su aniversario y es hora de repasar. ¿Palabras o movimientos?
FLACO: Precisamente... De eso quería hablarte... De nuestro aniversario.
GORDO: ¿?
FLACO: Me refiero al regalo.
GORDO: ¿No estarás intentando decirme...? Tiene que ser una sorpresa.
FLACO: Me refiero a que cuentas con él: cuentas con mi regalo. ¿Qué harías si faltase?
GORDO: Qué tío más gracioso eres, ja, ja, ja. Tu regalo nunca va a faltarme. Lo sabes tan bien como yo.
(El Flaco va a hablar, pero la mirada del Gordo lo enmudece.)
GORDO: ¿Palabras o movimientos?
(El Flaco se encoge de hombros.)
GORDO: Tú te lo tomas a guasa, pero estar preparados es parte del trabajo de un actor. Estar preparados es lo más importante. El resto apenas tiene importancia. Repito la pregunta: ¿Palabras o movimientos?
(El Flaco se encoge de hombros. Cabreado, el Gordo va a su posición original. Indiferente, el Flaco va a la suya. Inmóviles, con los acentos de Laurel y Hardy, repasan el diálogo de una vieja película. El Gordo vigila que el Flaco diga bien su parte.)
GORDO: « Dos en Manhattan ». Antecedentes: El « New York Times » titula en primera página: « Ola de robos en el distrito ». El comisario dice al sargento: *(Voz de comisario.)* « Si no hace usted ningún arresto, perderá su placa ». El sargento nos cita para proponernos un trato: *(Voz de sargento.)* « Esta noche, entráis a robar en la casa del comisario, yo os arresto, quedo bien con el comisario y os suelto ».

LE PETIT: Et nous, on est une famille ?
LE GROS: En un sens.
LE PETIT: On est un maria... ?
LE GROS: Non !!!
(Pause.)
LE GROS: Nous sommes... Une dualité... Non, pas une dualité, une dichotomie... Une bissection... Une pluralité... Un groupe. C'est ça : nous sommes un groupe. Un groupe sympathique... Non, pas sympathique, un groupe... vivant... jovial... joyeux... C'est ça : nous sommes un groupe joyeux.
LE PETIT: Mais...
LE GROS: Il n'y a pas de mais qui tienne. Nous sommes un groupe joyeux, le jour de son anniversaire, et c'est l'heure de répéter. Texte ou action ?
LE PETIT: Justement... C'est de ça que je voulais te parler... De notre anniversaire.
LE GROS: ???
LE PETIT: Je veux parler du cadeau.
LE GROS: Tu ne serais pas en train d'essayer de me dire... ? Ça doit être une surprise.
LE PETIT: Je veux dire que tu comptes sur lui : tu comptes sur mon cadeau. Que ferais-tu s'il n'y en avait pas ?
LE GROS: Alors toi t'es un mec marrant, ha ha ha ! Ça n'arrivera jamais que je n'aie pas de cadeau de ta part. Tu le sais aussi bien que moi.
(Le Petit va parler, mais le regard du Gros le fait taire.)
LE GROS: Texte ou action ?
(Le Petit hausse les épaules.)
LE GROS: Tu le prends à la rigolade, mais une bonne préparation fait partie du travail de l'acteur. Une bonne préparation, c'est le plus important. Le reste a peu d'importance. Je répète ma question : texte ou action ?
(Le Petit hausse les épaules. Fâché, Le Gros reprend sa position d'origine. Indifférent, Le Petit reprend la sienne. Immobiles, avec l'accent de Laurel et Hardy, ils répètent les dialogues d'un vieux film. Le Gros s'assure que Le Petit dit bien son texte.)
LE GROS: « Deux à Manhattan ». Scène précédente : Le « New York Times » titre à la une : « Vague de cambriolages dans le district ». Le commissaire dit à son sergent : *(Avec la voix du commissaire.)* « Si vous n'arrêtez personne, vous y laisserez votre plaque ». Le sergent nous donne rendez-vous pour nous proposer un marché : *(Avec la voix du sergent.)* « Cette nuit, vous pénétrez chez le commissaire pour le cambrioler, je vous arrête, je me fais bien voir par le commissaire et je vous relâche. »

FLACO: ¿Y no nos pasará nada?
GORDO: Claro que no. El sargento lo arreglará todo y nunca olvidará lo que hemos hecho por él. Es bueno tener amigos en todas partes, sobre todo en la policía. Antes de entrar en la casa del comisario, vamos a numerarnos.
FLACO: ¿Para qué?
GORDO: Por si nos perdemos ahí dentro. Para distinguirnos.
FLACO: Buena idea: numerarnos. ¡Uno!
GORDO: ¡Dos!
FLACO: ¡Tres!
GORDO: Si eres el uno, no puedes ser el tres.
FLACO: Entonces: ¡Tres!
GORDO: Olvidemos las matemáticas. Escúchame bien. Para entrar en la casa del comisario, tenemos que saltar este muro. Yo te ayudaré a subir.
FLACO: ¿Y tú? ¿Cómo subirás tú?
GORDO: Ya me las arreglaré. Tú sólo preocúpate de no caerte. *(Silencio.)* Pero ¿qué demonios haces? *(Silencio.)* Vamos a intentarlo otra vez. *(Silencio.)* ¿Ya estás arriba? ¿Qué ves?
FLACO: Gatos.
GORDO: Espántalos.
(El Flaco ladra.)
FLACO: Me contestan. Hay otro perro en el jardín.
GORDO: Haz que eres un gato.
(El Flaco maúlla. Hasta que el Gordo, que se está meando de risa, le hace gesto de que, por favor, pare.)
GORDO: Ni una coma, ¿te das cuenta? Ni una coma nos hemos comido. ¿Vamos con los movimientos?
(El Flaco acepta. Mudos, el Gordo y el Flaco repasan los movimientos correspondientes al diálogo que acaban de pronunciar. El Gordo vigila que el Flaco haga bien su parte. Finalmente, el Flaco, a cuatro patas, compone posturas de gato. El Gordo se desternilla.)
GORDO: Ni un matiz, ¿te das cuenta? Ni un matiz nos hemos comido: el pisotón en la cara, el culatazo...
FLACO: Culatazos, resbalones con cáscaras de plátano, policías de cachiporra... Alguien podría estar un poquito harto de todo eso.
(El Gordo no entiende de qué está hablando el Flaco.)
FLACO: Alguien podría pensar que podríamos hacer otro tipo de trabajo.

LE PETIT: Et il ne nous arrivera rien ?
LE GROS: Bien sûr que non. Le sergent arrangera tout et il n'oubliera jamais ce qu'on a fait pour lui. C'est une bonne chose d'avoir des amis partout, surtout dans la police. Avant de pénétrer chez le commissaire, on va se donner des numéros.
LE PETIT: Pourquoi ?
LE GROS: Au cas où on se perdrait là-dedans. Pour se différencier.
LE PETIT: Bonne idée : donnons-nous des numéros. Un !
LE GROS: Deux !
LE PETIT: Trois !
LE GROS: Si tu es le un, tu ne peux pas être le trois.
LE PETIT: Alors, trois !
LE GROS: Laissons tomber les maths. Ecoute-moi bien. Pour pénétrer chez le commissaire, il faut qu'on saute ce mur. Je t'aiderai à l'escalader.
LE PETIT: Et toi ? Comment tu vas escalader, toi ?
LE GROS: Je me débrouillerai. Toi, occupe-toi seulement de ne pas tomber. *(Silence.)* Mais, qu'est-ce que tu fabriques ? *(Silence.)* On va réessayer. *(Silence.)* Ça y est, tu es en haut ? Qu'est-ce que tu vois ?
LE PETIT: Des chats.
LE GROS: Chasse-les.
(Le Petit aboie.)
LE PETIT: On me répond. Il y a un autre chien dans le jardin.
LE GROS: Fais comme si tu étais un chat.
(Le Petit miaule. Jusqu'à ce que Le Gros, qui se pisse dessus de rire, lui fasse signe : arrête s'il te plaît.)
LE GROS: Pas une virgule, tu te rends compte ? On n'a même pas sauté une virgule. On passe à l'action ?
(Le Petit accepte. Muets, Le Gros et Le Petit révisent les mouvements correspondants au dialogue qu'ils viennent de dire. Le Gros s'assure que Le Petit tient bien son rôle. Finalement, Le Petit, à quatre pattes, prend des poses de chat. Le Gros se fend la poire.)
LE GROS: Pas une attitude, tu te rends compte ? On n'a même pas sauté une attitude : ton pied sur mon visage, ta chute sur les fesses...
LE PETIT: Des chutes sur les fesses, des glissades sur des peaux de banane, des policiers à matraque... Il y en a qui pourraient en avoir un peu marre de tout ça.
(Le Gros ne comprend pas de quoi parle Le Petit.)
LE PETIT: Il y en a qui pourraient penser qu'on pourrait trouver un autre genre de travail.

GORDO: Ya hicimos OTRO TIPO DE TRABAJO. ¿Lo recuerdas con entusiasmo?
FLACO: ¿Tan mal estuvo?
GORDO: ¿Que si estuvo mal? HICIMOS EL RIDÍCULO. ¿Y sabes por qué? Porque somos actores de raza. Y el que es actor de raza no puede ser otra cosa que actor de raza.
FLACO: Por lo menos, nos pagarían bien.
GORDO: Pshhh.
FLACO: ¿Cuánto?
(El Gordo le responde al oído, como si el público no debiera escucharlo. Su cuchicheo es largo y complejo. Más parece estar contando una historia que dando una cifra.)
FLACO: ¿Te parece poco?
(Al oído, el Gordo da explicaciones al Flaco en otro tono que antes. Silencio.)
FLACO: ¿Dónde?
GORDO: Anteayer.
(Silencio.)
FLACO: ¿Y por qué no en el servicio meteorológico?
GORDO: ¿Te imaginas a dos hombres del tiempo dando juntos las predicciones para el fin de semana? Sería el caos.
FLACO: ¿Y teatro? ¡Podríamos hacer teatro!
GORDO: ¿Teatro? Puajjj... Basta de tonterías. ¿Palabras o movimientos?
FLACO: A pesar de todo, alguien podría pensar que podríamos cambiar.
GORDO: De momento, vamos a seguir repasando.
FLACO: De color y de todo lo demás.
GORDO: ¿Palabras o movimientos?
FLACO: De color y de todo lo demás. Alguien podría preguntarse: « ¿Qué hacen juntos todavía estos dos tipos? ».
(Conmoción del Gordo.)
FLACO: Incluso tú y yo podríamos hacernos esa pregunta: « ¿Qué hacen juntos todavía estos dos tipos? ». Podríamos hacernos esa pregunta, créeme. Bastaría que nos mirásemos al espejo más a menudo. Nos sabemos las palabras, nos sabemos los movimientos, pero mírate y mírame. Cualquiera diría que somos dos malos impostores que se hacen pasar por el Gordo y el Flaco.
(Como un autómata, el Gordo vuelve a su posición original. Por costumbre, el Flaco vuelve a la suya. Silencio. Allí están, en sus posiciones originales, como siempre, pero de otro modo. El Gordo mira al Flaco, primero de reojo, luego fijamente, con espanto.)

LE GROS: On a déjà trouvé UN AUTRE GENRE DE TRAVAIL. C'est un souvenir dont tu es content ?
LE PETIT: Ça a si mal tourné ?
LE GROS: Il me demande si ça a mal tourné !? ON A ÉTÉ RIDICULES. Et tu sais pourquoi ? Parce que nous sommes des acteurs-nés. Et que, quand on est un acteur-né, on ne peut pas être autre chose qu'un acteur-né.
LE PETIT: Si au moins on était bien payés.
LE GROS: Pssst.
LE PETIT: Combien ?
(Le Gros lui répond à l'oreille, comme si le public ne devait pas l'entendre. Ce qu'il murmure est long et compliqué. Il semble raconter une histoire plus que donner un chiffre.)
LE PETIT: Ça te paraît peu ?
(Le Gros donne des explications au Petit, à l'oreille, sur un autre ton que précédemment. Silence.)
LE PETIT: Où ?
LE GROS: Avant-hier.
(Silence.)
LE PETIT: Et pourquoi pas la météo ?
LE GROS: Tu t'imagines deux « monsieur météo » donnant ensemble les prévisions du week-end ? Ce serait la panique.
LE PETIT: Et le théâtre ? On pourrait faire du théâtre !
LE GROS: Du théâtre ? Beurk... Les bêtises, ça suffit. Texte ou action ?
LE PETIT: Malgré tout, il y en a qui pourraient penser qu'on pourrait changer.
LE GROS: Pour le moment, on va continuer à répéter.
LE PETIT: Passer à la couleur et tout et tout.
LE GROS: Texte ou action ?
LE PETIT: Passer à la couleur et tout et tout. Il y en a qui pourraient se demander : « Mais qu'est-ce qu'ils font encore ensemble ces deux types ? ».
(Choc du Gros.)
LE PETIT: Même toi et moi, on pourrait se poser cette question : « Mais qu'est-ce qu'ils font encore ensemble ces deux types ? ». Crois-moi, on pourrait se la poser, cette question. Il suffirait qu'on se regarde plus souvent dans un miroir. On connaît le texte, on connaît l'action, mais regarde-toi et regarde-moi. On dirait que nous sommes deux mauvais imposteurs qui se font passer pour Le Gros et Le Petit.
(Comme un automate, Le Gros reprend sa position d'origine. Par habitude, Le Petit reprend la sienne. Silence. Ils en sont là, à occuper leurs positions d'origine, comme toujours, mais d'une manière différente. Le Gros regarde Le Petit avec effroi, d'abord du coin de l'œil, puis fixement.)

GORDO: *(Al público.)* Necesito una idea de CONTRAATAQUE, y rápido.
(Medita. Hasta que, de pronto, parece galvanizado por una corriente eléctrica.)
FLACO: ¿Te pasa algo?
GORDO: Se me está ocurriendo una IDEA.
FLACO: ¿A estas horas?
GORDO: Aguarda.
(Sólo cuando ha madurado su IDEA, el Gordo se decide a comunicarla.)
GORDO: Ya lo tengo.
FLACO: ¿?
GORDO: Ya sé cuál es el problema. El problema es éste: no estamos en forma. Hoy por hoy, no somos lo bastante flaco y lo bastante gordo. Deberíamos mirarnos al espejo más a menudo. Mírate y mírame. Parecemos dos farsantes, dos que se hacen pasar por el Gordo y el Flaco. Nos hemos abandonado. Nuestro objetivo tiene que ser: engordar y adelgazar, respectivamente. Si yo gano los kilos que a ti te sobran, todo volverá a ser como antes.
(El Flaco intenta comprender las palabras del Gordo.)
FLACO: Nos hemos abandonado.
GORDO: Eso es.
FLACO: Ya no somos tan gordo y tan flaco, respectivamente.
GORDO: Eso.
FLACO: Nos hemos abandonado. Ya no somos tan gordo y tan flaco, respectivamente. Engordemos y adelgacemos, respectivamente, y todo volverá a ser como antes: ésa es tu hipótesis.
GORDO: Empíricamente confirmable. Sube y verás.
(De debajo de la cama saca una báscula -¿de pesar niños?; ¿de pesar matanza?-. El Flaco se resiste a subir a ella. El Gordo lo empuja, sube con él a la báscula, lee el peso y anota. Silencio. El Flaco mira al Gordo, expectante.)
GORDO: Lo que me temía. Es decir, mucho peor de lo que me temía. Sabía que nos habíamos abandonado, pero ¡hasta este punto! Mas no cunda el pánico. A problemas excepcionales, soluciones excepcionales. No os preocupéis, muchachos. TENGO UN PLAN.
(El Flaco, más expectante, observa al Gordo. Éste saca del minibar un montón de chocolatinas y un cronómetro -¿un reloj de arena?-. El Gordo se echa en la cama. Es su espacio natural; allí está como pez en el agua.)

LE GROS: *(Au public.)* Il me faut une idée de CONTRE-ATTAQUE et vite.
(Il réfléchit. Jusqu'à ce que, soudain, il semble secoué par un courant électrique.)
LE PETIT: Qu'est-ce qui t'arrive ?
LE GROS: Je viens d'avoir une IDÉE.
LE PETIT: À cette heure ?
LE GROS: Attends.
(C'est seulement quand son IDÉE a mûri que Le Gros se décide à l'exprimer.)
LE GROS: Ça y est.
LE PETIT: ???
LE GROS: Je sais où est le problème. Le problème, c'est que nous ne sommes pas en condition. Actuellement, nous ne sommes ni suffisamment maigre, ni suffisamment gros. Nous devrions nous regarder plus souvent dans un miroir. Regarde-toi et regarde-moi. On dirait deux charlatans, deux types qui se font passer pour Le Gros et Le Petit. Nous nous sommes laissés aller. Notre objectif doit être de grossir, pour moi, et de maigrir, pour toi. Si moi je prends les kilos que toi tu as en trop, tout redeviendra comme avant.
(Le Petit essaie de comprendre les paroles du Gros.)
LE PETIT: Nous nous sommes laissés aller.
LE GROS: C'est ça.
LE PETIT: Nous ne sommes plus aussi gros, en ce qui te concerne, ni aussi maigre, en ce qui me concerne.
LE GROS: C'est ça.
LE PETIT: Nous nous sommes laissés aller. Nous ne sommes plus aussi gros, en ce qui te concerne, ni aussi maigre, en ce qui me concerne. Grossissons, en ce qui te concerne, et maigrissons, en ce qui me concerne, et tout redeviendra comme avant : c'est ça ton idée.
LE GROS: Ça peut se vérifier empiriquement. Monte et tu verras.
(Il sort une balance de dessous le lit – une balance pour les enfants ? une balance pour le bétail ? –. Le Petit rechigne à monter dessus. Le Gros le pousse, monte avec lui sur la balance, lit le poids et prend note. Silence. Le Petit regarde Le Gros, sur le qui-vive.)
LE GROS: C'est bien ce que je craignais. Enfin, c'est bien pire que ce que je craignais. Je savais que nous nous étions laissés aller, mais pas à ce point ! Enfin, pas de panique ! Aux grands maux les grands remèdes. Ne vous inquiétez pas les gars, J'AI UN PLAN.
(Le Petit, encore plus sur le qui-vive, observe Le Gros. Celui-ci sort du minibar un tas de petits chocolats et un chronomètre – un sablier ? –. Le Gros s'étend sur le lit. C'est son milieu naturel ; il y est comme un poisson dans l'eau.)

GORDO: Estudiaste enfrente de un colegio de pago, seguro que te enseñaron lo que es una circunferencia. Lo importante es que no mires esa puerta. El centro de la circunferencia, eso es lo que tienes que mirar. A la de una... A la de dos... ¡Ya!
(Dispara el cronómetro. El Flaco corre alrededor del Gordo, que engulle una chocolatina por vuelta y cuenta las vueltas con los dedos.)
GORDO: *(Con la boca llena.)* ¿De verdad sabes lo que es una circunferencia? ¿A qué clase de colegio fuiste? ¡Deja de mirar la jodida puerta...!
(El Gordo sigue hablando, si bien, por causa de las chocolatinas, su discurso es ya incomprensible. Al cabo de no sé cuántas vueltas, con el Flaco jadeante y el Gordo atiborrado:)
GORDO: *(Deteniendo el cronómetro.)* ¡Stop!
(El Flaco frena en seco, extenuado. El Gordo sube a la báscula ayudando al Flaco a acompañarlo y, triunfal, anota el peso.)
GORDO: ¡Esto hay que celebrarlo! *(Silencio.)* Insisto: ¡Esto hay que celebrarlo!
FLACO: Sí. Pero ¿cómo?
(El Gordo no sabe. Pausa. El Flaco mira al público. Pregunta algo al oído del Gordo.)
GORDO: No. No se puede tocar al público. No me refería a ese tipo de celebración. Me refería a... Algo simbólico.
(Solemnemente, saca un paquete de debajo de la cama. Lo abre: los sombreros de Laurel y Hardy. El Flaco no le acompaña en su entusiasmo.)
GORDO: ¿Todo va bien?
FLACO: Nada va peor.
GORDO: ¿No sientes que el problema se va resolviendo? ¿No sientes que todo vuelve a ser como al principio?
(De debajo de la cama, el Flaco saca el teléfono.)
FLACO: Ni se estremece.
(El Gordo da vueltas en torno al teléfono, mirándolo en silencio.)
GORDO: Deben de haberse imaginado que no estamos en forma. Cada día hay más gente con problemas de peso. Gente que pesa demasiado o demasiado poco. Por eso hay tanto paro. Ellos le echan la culpa al capitalismo. Y de que haya tanta hambre en el mundo, también de eso culpan al sistema capitalista.
FLACO: ¿Es nuestra la culpa? ¿Somos culpables?
GORDO: Hay libros de nutrición excelentes. Excelentes libros de dietas. Libros que dicen, por ejemplo: « Filete ruso, 12 puntos »; « Tortilla francesa, 7 puntos ». Se trata de sacar 100 puntos al día. Jamás hemos leído un libro de esos, excelentes.

LE GROS: Tu as étudié en face d'un collège privé, je suis sûr qu'on t'a appris ce que c'est qu'une circonférence. L'important, c'est que tu ne regardes pas cette porte. Le centre de la circonférence, c'est ça que tu dois regarder. À la une... À la deux... Partez !
(Il lance le chronomètre. Le Petit court autour du Gros, qui engloutit un chocolat par tour et compte les tours sur ses doigts.)
LE GROS: *(La bouche pleine.)* Tu sais vraiment ce qu'est une circonférence ? Dans quelle sorte de collège tu es allé ? Arrête de regarder cette putain de porte... !
(Le Gros continue à parler bien que, à cause des chocolats, son discours soit devenu incompréhensible. Au bout de je ne sais trop combien de tours, alors que Le Petit est tout haletant et que Le Gros est gavé :)
LE GROS: *(Il arrête le chronomètre.)* Stop !
(Le Petit freine d'un coup, exténué. Le Gros monte sur la balance en aidant Le Petit à en faire autant et, d'un air de triomphe, il note leur poids.)
LE GROS: Il faut fêter ça ! *(Silence.)* J'insiste : Il faut fêter ça !
LE PETIT: Oui. Mais comment ?
(Le Gros n'en sait rien. Pause. Le Petit regarde le public. Il demande quelque chose à l'oreille du Gros.)
LE GROS: Non. On ne peut pas toucher le public. Je ne pensais pas à ce type de fête. Je pensais à... À quelque chose de symbolique.
(Solennel, il sort un paquet de dessous le lit. Il l'ouvre : ce sont les chapeaux de Laurel et Hardy. Le Petit ne partage pas son enthousiasme.)
LE GROS: Tout va bien ?
LE PETIT: Ça ne peut pas être pire.
LE GROS: Tu ne sens pas que le problème est en train de se résoudre ? Tu ne sens pas que tout redevient comme au début ?
(De dessous le lit, Le Petit sort le téléphone.)
LE PETIT: Il ne tressaille même pas.
(Le Gros tourne autour du téléphone, le regardant en silence.)
LE GROS: Ils doivent s'imaginer que nous ne sommes pas en condition. Il y a chaque jour davantage de gens qui ont des problèmes de poids. De gens qui pèsent trop ou trop peu. C'est pour ça qu'il y a tant de chômage. Et les autres là, qui rejettent la faute sur le capitalisme. La faim dans le monde aussi, c'est la faute du système capitaliste selon eux.
LE PETIT: C'est de notre faute ? C'est nous les coupables ?
LE GROS: Il existe de très bons livres de diététique. De très bons livres de régime. Des livres qui disent, par exemple : « Faux-filet, 12 points » ; « Omelette nature, 7 points ». Le but, c'est de marquer 100 points par jour. Nous n'avons jamais lu le moindre de ces livres, qui sont d'excellents livres.

FLACO: Mucho « Madame Bovary », mucho « Ana Karenina »... Por eso, el teléfono ni se estremece.
GORDO: Pero no creas que nos estamos perdiendo nada. Ya no se hacen buenas películas.
FLACO: ¿No?
GORDO: A cualquier cosa llaman ahora película. Deberíamos hacerlas enteritas tú y yo: redactar el guión, juntar la pasta, gritar a los actores... Todos esos patanes que hay alrededor de un film, ¿para qué los necesitamos? ¿Qué nos importa si esos mediocres nos llaman o no?
(Bruscamente, se lanza a descolgar el teléfono.)
GORDO: Dígame.
(Espera réplica, que no llega.)
FLACO: No ha sonado.
GORDO: ¿No? Me había parecido. *(Cuelga.)* No perdamos más tiempo. ¡Adelante con el plan, muchachos!
FLACO: Como tú digas. Tú eres el animoso y yo el desanimado. Tú eres el emprendedor y yo el inerte. Como tú digas.
GORDO: El Flaco cree que al Gordo le toca la mejor parte del plan, ¿no? Pues no. Qué más quisiera el Gordo que mandar a la mierda el plan. Al Gordo le duele la barriga, y su aliento apesta. Pero se aguanta, porque es para nuestro bien. Sarna con gusto no pica. ¿Me estás escuchando? ¿Qué miras?
(El Flaco está mirando la puerta.)
FLACO: Nada.
GORDO: Mejor. Así podrás concentrarte en el plan. Vamos allá.
(Silencio.)
GORDO: Venga, vamos.
(Silencio.)
GORDO: Vamos, ya.
FLACO: ¿Y si lo dejamos por un día?
GORDO: No puede ser.
FLACO: No se va a hundir el mundo, si lo aplazamos a mañana.
GORDO: Nos debemos a nuestro público. No podemos ceder. Si cedemos, estamos perdidos. Vamos allá, muchachos.
(Sin embargo, pausa.)
GORDO: Tú concéntrate en la frecuencia de los saltos. *(Con la boca, hace el ruido de una comba que golpea el suelo:)* Toc - Toc - Toc...
FLACO: Toc - Toc - Toc...

LE PETIT: Beaucoup de « Madame Bovary », beaucoup d' « Ana Karénine »... Voilà pourquoi le téléphone ne tressaille même pas.
LE GROS: Mais ne va pas t'imaginer qu'on perd grand-chose. Il n'y a plus de bons films.
LE PETIT: Ah non ?
LE GROS: De nos jours, on appelle n'importe quoi un film. On devrait les faire d'un bout à l'autre, toi et moi : rédiger le scénario, réunir le fric, crier après les acteurs... Tous ces guignols qui tournent autour d'un film, pourquoi on a besoin d'eux ? Qu'est-ce que ça peut nous faire que ces nuls nous appellent ou non ?
(Brusquement, il se lance sur le téléphone pour décrocher.)
LE GROS: Allô.
(Il attend une réponse, qui ne vient pas.)
LE PETIT: Ça n'a pas sonné.
LE GROS: Ah non ? Il m'avait semblé. *(Il raccroche.)* Ne perdons pas plus de temps. En avant les gars ! On suit le plan !
LE PETIT: Comme tu veux. C'est toi l'énergique et c'est moi le mou. C'est toi l'entreprenant et c'est moi l'inerte. Comme tu veux.
LE GROS: Le Petit croit que c'est au Gros que revient la partie la plus agréable du plan, c'est ça ? Et bien non. Le Gros ne demanderait pas mieux que d'envoyer chier le plan. Le Gros a mal au ventre, et mauvaise haleine. Mais il fait avec, parce que c'est pour notre bien. On n'a rien sans rien. Tu m'écoutes ? Qu'est-ce que tu regardes ?
(Le Petit regarde la porte.)
LE PETIT: Rien.
LE GROS: Tant mieux. Comme ça tu vas pouvoir te concentrer sur le plan. Allons-y.
(Silence.)
LE GROS: Allez, on y va.
(Silence.)
LE GROS: On y va, maintenant.
LE PETIT: Et si on arrêtait pour aujourd'hui ?
LE GROS: Ce n'est pas possible.
LE PETIT: Le monde ne va pas s'arrêter de tourner, si on remet à demain.
LE GROS: Nous nous devons à notre public. Nous ne pouvons pas renoncer. Si nous renonçons, nous sommes perdus. Allons-y, les gars.
(Et pourtant... pause.)
LE GROS: Toi, concentre-toi sur la fréquence de tes sauts. *(Avec la bouche, il imite le bruit d'une corde à sauter qui frappe le sol :)* Toc - Toc - Toc...
LE PETIT: Toc - Toc - Toc...

GORDO: Tú olvídate de todo lo demás.
FLACO: Creo que lo he entendido: Toc - Toc - Toc...
GORDO: Tú, la puerta, como si no existiese.
FLACO: Toc - Toc...
GORDO: ¡Basta!
(El Flaco se lleva las manos a la cabeza, como para protegerse. El Gordo saca del minibar una cuerda y un bidón de helado. Tiende la cuerda al Flaco. Éste se repite, perplejo: « Sarna con gusto no pica ». Le parece una frase extrañísima. El Gordo se echa en la cama.)
GORDO: A la de una... A la de dos... ¡Ya!
(Dispara el cronómetro. El Flaco empieza a saltar la comba, a cuyo ritmo engulle el Gordo bolas de helado.)
GORDO: Toc - Toc - Toc...
FLACO: « Sarna con gusto no pica ». *(No lo entiende.)* « Sarna con gusto no pica ». *(No lo entiende.)* « Sarna con gusto... ».
GORDO: *(Con la boca llena.)* Deja de hablar, estamos en un entrenamiento. Toc - Toc...
FLACO: « Pica con gusto no sarna ». « Gusto con pica no sarna ». « Pica con sarna... ».
GORDO: *(Deteniendo el cronómetro.)* ¡Stop!
(Por inercia, el Flaco todavía da algunos saltitos. Cargado con el Flaco, el Gordo sube a la báscula. Tiene que leer el peso dos veces para aceptar lo que ve.)
GORDO: Esta báscula está rota.
(El Flaco agita la báscula junto a su oreja.)
FLACO: No suena a rota.
(El Gordo tira por la ventana la báscula, que se hace añicos con fenomenal estrépito.)
GORDO: Pues no dice que he ganado seiscientos gramos con una ingesta de setenta y siete mil calorías... *(Consulta el dato en sus notas.)* En el período anterior, con cincuenta y cuatro mil calorías gané ochocientos cuarenta y siete gramos.
FLACO: No es culpa de la báscula. ¿A tu edad desconoces la ley de rendimientos decrecientes? ¿A qué clase de colegio fuiste?
(Perplejidad del Gordo.)

LE GROS: Oublie tout le reste.
LE PETIT: Je crois que j'ai compris : Toc - Toc - Toc...
LE GROS: Pour toi, c'est comme si la porte n'existait pas.
LE PETIT: Toc - Toc...
LE GROS: Ça suffit !
(Le Petit se met les mains sur la tête, comme pour se protéger. Le Gros sort du minibar une corde et un pot de glace. Il tend la corde au Petit. Celui-ci, perplexe, répète pour lui-même : « On n'a rien sans rien ». Ça lui semble être un propos très étrange. Le Gros s'étend sur le lit.)
LE GROS: À la une... À la deux... Partez !
(Il lance le chronomètre. Le Petit commence à sauter à la corde, le Gros engloutit les boules de glace au même rythme.)
LE GROS: Toc - Toc - Toc...
LE PETIT: « On n'a rien sans rien ». *(Il ne comprend pas.)* « On n'a rien sans rien ». *(Il ne comprend pas.)* « On n'a rien sans... ».
LE GROS: *(La bouche pleine.)* Arrête de parler, on est en plein entraînement. Toc - Toc...
LE PETIT: « On n'a rien sans rien ». « On n'a rien sans rien ». « On n'a rien sans... ».
LE GROS: *(Il arrête son chronomètre.)* Stop !
(Par effet d'inertie, le Petit fait encore quelques petits sauts. Portant Le Petit, Le Gros monte sur la balance. Il doit lire le poids à deux reprises pour croire ce qu'il voit.)
LE GROS: Cette balance est cassée.
(Le Petit secoue la balance près de son oreille.)
LE PETIT: Elle n'a pas l'air cassée.
(Le Gros jette par la fenêtre la balance, qui se casse en mille morceaux dans un formidable vacarme.)
LE GROS: Pourtant elle dit bien que j'ai pris six cents grammes en ingérant soixante-dix-sept mille calories... *(Il cherche l'information dans ses notes.)* Au cours de la période précédente, avec cinquante-quatre mille calories, j'avais pris huit cent quarante-sept grammes.
LE PETIT: Ce n'est pas la faute de la balance. À ton âge, tu ne connais pas la loi des rendements décroissants ? Dans quelle sorte de collège tu es allé ?
(Perplexité du Gros.)

FLACO: LEY DE RENDIMIENTOS DECRECIENTES: si se aumenta un factor de producción en tanto que los demás factores permanecen constantes, a partir de un determinado punto los incrementos de producción devienen decrecientes. Por ejemplo: si se cultiva la tierra con aumento de fertilizantes, permaneciendo constante la extensión de tierra, pueden generarse incrementos de producción hasta un punto a partir del cual se inicia el descenso.
GORDO: O sea: si en la obtención de un producto (digamos trigo) se utilizan cantidades constantes de todos los factores (digamos tierra, semillas, aperos, abonos, etcétera) menos uno (digamos hombres), con una técnica dada, y se aumenta la cantidad del factor variable, se acabarán obteniendo cantidades adicionales decrecientes del producto.
FLACO: Veo que lo vas cogiendo. Las dosis sucesivas del factor variable operan sobre cantidades relativas cada vez menores de los factores fijos, por lo que el rendimiento adicional llega a un punto en que tiende a decrecer.
GORDO: De ahí que, al rebasarse el punto de los rendimientos decrecientes, aunque la producción pueda mantenerse estable o incluso continúe creciendo, se produzca menos por unidad de esfuerzo.
(Silencio.)
GORDO: Entonces, no estaba rota.
(El Flaco niega.)
GORDO: Bueno, ¿para qué una báscula cuando se tiene un buen espejo? En cuanto a esa ley del demonio... ¿Sabes qué te digo?
FLACO: ¿Qué?
(El Gordo saca del minibar un cargamento de turrón.)
GORDO: Que si el esfuerzo nos aprovecha menos, nosotros nos esforzaremos más.
FLACO: No podemos esforzarnos más.
GORDO: Y, sin embargo, lo haremos.
FLACO: ¿Qué más podemos hacer?
GORDO: Esforzarnos el doble. *(Saca del minibar un segundo cargamento de turrón.)* Lo que significa que vas a hacer el doble de las flexiones previstas. *(Se echa en la cama.)* Es decir, mil trescientas cincuenta y tres.
(El Flaco va a protestar, pero el Gordo ya ha disparado el cronómetro. A cada flexión del Flaco, el Gordo engulle un turrón. El Gordo canta « Aijó, aijó, al campo a trabajar... », aunque muy pronto los turrones hacen la canción ininteligible. Cuando el Flaco empieza a flojear, el Gordo le jalea con la boca llena. Hasta que el Flaco no consigue levantar la cara del suelo.)
GORDO: ¿Stop? ¿Me has oído decir « stop »?

LE PETIT: LOI DES RENDEMENTS DECROISSANTS : si on augmente un facteur de production cependant que les autres facteurs demeurent constants, à partir d'un point donné les hausses de production deviennent décroissantes. Par exemple : si on cultive une terre en augmentant les fertilisants, et que l'extension de cette terre demeure constante, des hausses de production peuvent être observées jusqu'à un point à partir duquel la décroissance commence.
LE GROS: C'est-à-dire que si, pour obtenir un produit (disons du blé), on utilise des quantités constantes de tous les facteurs (disons la terre, les graines, les outils, les engrais, etcetera.), sauf d'un (disons l'homme), avec une méthode donnée, et qu'on augmente en quantité le facteur variable, on finira par obtenir des quantités supplémentaires décroissantes du produit.
LE PETIT: Je vois que tu es en train de piger. Les doses successives du facteur variable opèrent sur des quantités relatives de facteurs fixes de moins en moins importantes, si bien que le rendement supplémentaire arrive à un point où il tend à décroître.
LE GROS: En sorte que, lorsque l'on dépasse le point de rendement décroissant, même si la production peut demeurer stable voire continuer à augmenter, on produira moins par unité d'effort.
(Silence.)
LE GROS: Alors, elle n'était pas cassée.
(Le Petit fait signe que non.)
LE GROS: Et alors, à quoi bon une balance quand on a un bon miroir ? Quant à cette maudite loi... Tu sais ce que je te dis ?
LE PETIT: Quoi ?
(Le Gros sort du minibar une cargaison de touron.)
LE GROS: Que si l'effort paie moins, c'est nous qui ferons plus d'effort.
LE PETIT: Nous ne pouvons pas faire plus d'effort.
LE GROS: Et pourtant, c'est ce que nous allons faire.
LE PETIT: Qu'est ce que nous pouvons faire de plus ?
LE GROS: Faire deux fois plus d'efforts. *(Il sort du minibar une deuxième cargaison de touron.)* Ce qui veut dire que tu vas faire le double des flexions prévues. *(Il s'étend sur le lit.)* C'est-à-dire mille trois cent cinquante-trois.
(Le Petit va protester, mais Le Gros a déjà lancé le chronomètre. À chaque flexion du Petit, Le Gros engloutit un nougat. Le Gros chante : « Aïi aïo, on s'en va au boulot... », bien que très vite les nougats rendent sa chanson inintelligible. Quand Le Petit commence à faiblir, Le Gros l'encourage avec la bouche pleine. Jusqu'à ce que Le Petit ne parvienne plus à lever son visage du sol.)
LE GROS: Stop ? Tu m'as entendu dire « stop » ?

(El Flaco no puede ni abrir la boca.)
GORDO: No he dicho « stop ». Tienes que levantarte. Nos debemos a nuestro público.
(El Flaco no puede levantarse.)
GORDO: En esta vida hay que tener afán de superación. Resulta muy elástico echarle la culpa al sistema. En este país, cualquier hombre dispuesto a trabajar puede, con su esfuerzo... Eres un perdedor. De una familia de perdedores... ¿Pongo una música que te motive?
(Con la boca, imita el himno nacional. No funciona.)
GORDO: Merece la pena. Todo volverá a ser como antes. Dará comienzo una época de vacas gordas. Un ciclo de crecimiento. Ese teléfono sonará sin parar. Tenemos que aprovechar la coyuntura. Sé de buena tinta que quieren pasar a color todas las viejas películas. Eso nos dará mucho trabajo.
(Silencio.)
FLACO:.¿? ¿En color? ¿Todas la viejas películas?
GORDO: También las nuestras, lo sé de buena tinta. Nos pedirán que lo rodemos toda otra vez, cada pisotón en la cara, cada culatazo. Pero las cáscaras de plátano serán amarillas; las cachiporras, azules; la sangre, roja.
(Silencio.)
FLACO: ¿Qué harán con « Al Este del Edén »?
GORDO: ¿Qué pasa con « Al Este del Edén »?
FLACO: James Dean se dio una hostia en un Ferrari plateado, modelo S 35, matrícula MN-5981185, en el kilómetro 215 de la carretera Texas-Arizona.
(Silencio.)
GORDO: No pasa nada. « Al Este del Edén » ya era en color.
(Silencio.)
FLACO: « Murieron con las botas puestas ».
GORDO: ¿Qué pasa con « Murieron con las botas puestas »?
FLACO: Ronald Reagan tiene Alzheimer.
GORDO: Usarán a su doble. Todos los presidentes tienen un doble. Hitler, por ejemplo. Y Franco. También Ronnie.
(Silencio.)
FLACO: ¿Y si usan a nuestros dobles?
GORDO: Podemos estar tranquilos. No hay nadie que se nos parezca.
FLACO: Todo el mundo tiene su doble en algún lugar. Encontrarán a los nuestros.
GORDO: ¡¡¡No!!!
(Se ha enfadado muchísimo. Engulle terrones de azúcar de diez en diez. Asustado, el Flaco hace abdominales.)
GORDO: ¡Stop!

(Le Petit ne peut même pas ouvrir la bouche.)
LE GROS: Je n'ai pas dit « stop ». Tu dois te relever. Nous nous devons à notre public.
(Le Petit ne peut pas se relever.)
LE GROS: Dans cette vie, il faut avoir envie de se dépasser. Il est plus confortable de rejeter la faute sur le système. Dans ce pays, n'importe quel homme disposé à travailler peut le faire, s'il fait l'effort... Tu es un looser. D'une famille de looser... Je te mets une musique pour te motiver ?
(Avec la bouche, il imite l'hymne national. Ça ne marche pas.)
LE GROS: Ça en vaut la peine. Tout redeviendra comme avant. Ce sera le début d'une époque de vaches grasses. Un cycle de croissance. Ce fichu téléphone sonnera sans arrêt. Nous devons profiter de la conjoncture. Je sais de source sûre qu'ils veulent ressortir tous les vieux films en couleur.
(Silence.)
LE PETIT: ??? En couleur ? Tous les vieux films ?
LE GROS: Y compris les nôtres, je le sais de source sûre. Ils nous demanderont de tout tourner à nouveau, ton pied sur mon visage, tes chutes sur les fesses. Mais les peaux de banane seront jaunes ; les matraques, bleues ; le sang, rouge.
(Silence.)
LE PETIT: Comment ils feront pour « À l'est d'Eden » ?
LE GROS: Qu'est-ce qui se passe avec « À l'est d'Eden » ?
LE PETIT: James Dean s'est planté dans une Ferrari argent, modèle S 35, immatriculée MN-5981185, au kilomètre 215 de la route Texas-Arizona.
(Silence.)
LE GROS: Ça ne fait rien. « À l'est d'Eden » était déjà en couleur.
(Silence.)
LE PETIT: « Sabotage à Berlin ».
LE GROS: Qu'est-ce qui se passe avec « Sabotage à Berlin » ?
LE PETIT: Ronald Reagan a la maladie d'Alzheimer.
LE GROS: Ils utiliseront son sosie. Tous les présidents ont un sosie. Hitler, par exemple. Et Franco. Et Ronnie aussi.
(Silence.)
LE PETIT: Et s'ils utilisent nos sosies ?
LE GROS: On peut être tranquilles. Il n'y a personne qui nous ressemble.
LE PETIT: Tout le monde a un sosie quelque part. Ils trouveront les nôtres.
LE GROS: Non !!!
(Il est très fâché. Il engloutit des morceaux de sucre dix par dix. Effrayé, Le Petit fait des abdominaux.)
LE GROS: Stop !

(Pausa. El Gordo está molido, pero feliz.)
GORDO: Siempre tiene que haber un hombre junto al teléfono. No vayan a pensar que no hay nadie y cuelguen.
FLACO: ¿Un hombre?
GORDO: Tú o yo.
(A duras penas consigue ponerse ante el espejo. Felicísimo, se observa. A duras penas consigue colocar al Flaco junto a él ante el espejo.)
GORDO: Maldición.
(Recoloca al Flaco, no sea que no haya medido bien.)
GORDO: Mierda.
(Anota, profundamente abatido. Con mirada calculadora, vuelve a observar la imagen reflejada del Flaco. Silencio.)
GORDO: No me estarás engañando.
(El Flaco niega.)
GORDO: Estás tan identificado con el objetivo como yo, ¿no es así? Engordar y adelgazar respectivamente.
(El Flaco asiente. De pronto, el Gordo cae en la cuenta.)
GORDO: ¿Pero cómo no se me había ocurrido antes? Por un momento he olvidado que también a ti te afecta la ley de rendimientos decrecientes.
FLACO: Es una ley universal.
GORDO: Claro, eso lo explica todo. Eso explica que hayas ganado diecisiete gramos. Cuán injusto he sido pensando mal de ti.
(Súbitamente, hace una llave al Flaco, lo derriba y se sienta sobre él hasta obligarle a abrir la mano.)
GORDO: A ver las uñas... Conque comiendo a escondidas... *(Lo maltrata.)* Quedamos en que no probarías bocado hasta el anochecer. Los musulmanes pueden hacerlo. El señorito, no.
FLACO: ¿Cómo sabes que no ha anochecido?
GORDO: Esas cosas se notan. *(Lo maltrata más.)* Tu actitud me obliga a cambiar de FASE. Es mi obligación como ENTRENADOR: la fase B del plan.
FLACO: No, la fase B, no.
GORDO: Sí, la fase B.
(El Gordo saca un bote.)
FLACO: ¿Pastillas?
GORDO: Grageas. Píldoras.
FLACO: ¿Has leído el prospecto? ¿Y si tienen contraindicaciones?
GORDO: Inhiben el apetito. Dan guerra a la grasa.
(Va a inflar a pastillas al Flaco. Pero éste, con la boca, hace el ruido del teléfono: « Riiing, riiiiing... ».)

(Pause. Le Petit est éreinté, mais heureux.)
LE GROS: Il faut qu'il y ait toujours un homme près du téléphone. Qu'ils ne raccrochent pas pensant qu'il n'y a personne.
LE PETIT: Un homme ?
LE GROS: Toi ou moi.
(À grand peine, il réussit à se mettre devant le miroir. Tout heureux, il s'observe. À grand peine, il réussit à amener Le Petit près de lui, devant le miroir.)
LE GROS: Zut !
(Il repositionne Le Petit, au cas où il n'aurait pas bien mesuré.)
LE GROS: Et merde !
(Il prend note, extrêmement abattu. D'un regard calculateur, il observe à nouveau l'image reflétée du Petit. Silence.)
LE GROS: Tu ne serais pas en train de me rouler ?
(Le Petit fait signe que non.)
LE GROS: Tu es aussi convaincu que moi par notre objectif, n'est-ce pas ? On doit grossir et maigrir, respectivement.
(Le Petit fait signe que oui. Soudain, Le Gros comprend.)
LE GROS: Mais comment n'y ai-je pas pensé avant ? Pendant un moment, j'ai oublié que toi aussi, tu es concerné par la loi des rendements décroissants.
LE PETIT: C'est une loi universelle.
LE GROS: Bien sûr, ça explique tout. Ça explique que tu aies pris dix-sept grammes. Comme j'ai été injuste de penser du mal de toi !
(Tout à coup, il fait une clé au Petit, le renverse et s'assoit sur lui jusqu'à l'obliger à ouvrir la main.)
LE GROS: Voyons ces ongles... Alors comme ça, on mange en cachette... *(Il le malmène.)* On avait convenu que tu n'avalerais pas une bouchée avant la tombée de la nuit. Les musulmans arrivent à le faire. Mais monsieur, non.
LE PETIT: Et comment tu sais que la nuit n'est pas tombée ?
LE GROS: Ces choses-là se remarquent. *(Il le malmène encore plus.)* Ton attitude m'oblige à changer de PHASE. J'y suis obligé en tant qu'ENTRAÎNEUR : on passe à la phase B du plan.
LE PETIT: Non, pas la phase B, non.
LE GROS: Si, la phase B.
(Le Gros sort une boîte.)
LE PETIT: Des gélules ?
LE GROS: Des comprimés. Des cachets.
LE PETIT: Tu as lu la notice ? Et s'il y avait des contre-indications ?
LE GROS: Ils coupent l'appétit. Ils font la guerre à la graisse.
(Il va bourrer Le Petit de gélules. Mais celui-ci, avec la bouche, imite le bruit du téléphone : « Driiing driiing... ».)

FLACO: ¿No vas a cogerlo? Está sonando. « Riiing, riiiiing... ».

(El Gordo acaba cogiendo el teléfono.)

GORDO: Dígame. *(Escucha.)* No se le ocurra volver a llamar.

(Indignado, cuelga.)

FLACO: ¿?

GORDO: Con razón no quería yo cogerlo. Qué desvergüenza. Hay gente que usa el teléfono como una cachiporra. ¿Cómo se le habrá ocurrido? ¿Sabes qué quería? Un actor. ¿No es increíble? Ofrece un papel. ¡Un solo papel! Un náufrago que va a parar a una isla desierta. Claro, que yo le he cantado las cuarenta. Le he dicho pero que muy clarito que llevamos juntos desde la guerra. « Nosotros siempre trabajamos juntos. JUNTOS, ¿lo ha entendido? Jota, u, ene, te, o, ese: JUNTOS. En « El Gordo y el Flaco », lo importante, lo único importante, es la Y griega ». Así se lo he dicho, con estas palabras. Qué desvergüenza. Hay gente que usa el teléfono como una bomba fétida. Y lo peor es que volverá a llamar. Éste es de los que insisten. De los que te ponen la cabeza como un bombo: « Riiing, riiing... ».

FLACO: ¿Está sonando?

GORDO: Lo estoy haciendo con la boca. Qué desvergüenza. Hay gente que usa el teléfono como un cóctel molotov. Pero ¿cómo se le ha podido pasar por la cabeza que...? ¿No es sencillamente absurdo?

(Espera respuesta afirmativa del Flaco. Silencio.)

FLACO: Esperábamos una llamada. Hemos tenido una llamada.

GORDO: Ésa no era nuestra llamada. Ésa no es la llamada que esperábamos. La llamada que esperamos es otra.

(Coge al Flaco por la nariz, obligándole a abrir la boca y cebándolo de pastillas. Agarra su propia nariz y se obliga a engullir pastillas de otro bote.

Silencio largo. El Gordo y el Flaco están hechos polvo.)

FLACO: ¿Y si todo esto no sirviera para nada?

GORDO: Qué cosas tienes. No puede ser que tanto dolor no tenga sentido. Mira.

(Con gran dificultad, el Gordo sostiene al Flaco para que se contemple junto a él en el espejo.)

GORDO: Para mondarse de risa. Para mearse de risa. Para morirse de risa.

(El Gordo se desternilla; el Flaco, no. La risa del Gordo se va apagando.)

GORDO: ¿Palabras o movimientos?

(El Flaco ni siquiera se encoge de hombros.)

LE PETIT: Tu ne réponds pas ? Ça sonne. « Driiing, driiing... ».

(Le Gros finit par répondre au téléphone.)

LE GROS: Allô. *(Il écoute.)* Et ne vous avisez pas de rappeler.

(Indigné, il raccroche.)

LE PETIT: ???

LE GROS: J'avais bien raison de ne pas vouloir répondre. Quelle honte ! Il y a des gens qui utilisent le téléphone comme une matraque. Comment a-t-il pu avoir une idée pareille ? Tu sais ce qu'il voulait ? Un acteur. Ce n'est pas incroyable ? Il propose un rôle. Un seul rôle ! Celui d'un naufragé qui se retrouve sur une île déserte. Ça, je ne le lui ai pas envoyé dire. Je lui ai dit, et très clairement, que nous sommes ensemble depuis la guerre. « Nous, nous travaillons toujours ensemble. ENSEMBLE, vous avez compris ? E, n, s, e, m, b, l, e : ENSEMBLE. Dans « C'est moi le gros et toi le petit », l'important, la seule chose importante, c'est le ET ». C'est ce que je lui ai dit, en ces termes. Quelle honte ! Il y a des gens qui utilisent le téléphone comme une bombe puante. Et le pire, c'est qu'il va rappeler. Il est de ces gens qui insistent. De ces gens qui te mettent la tête comme un chaudron : « Driiing, driiing... ».

LE PETIT: Ça sonne ?

LE GROS: J'imite le bruit avec la bouche. Quelle honte ! Il y a des gens qui utilisent le téléphone comme un cocktail molotov. Mais comment a-t-il pu lui passer par la tête que... ? Ce n'est tout bonnement absurde ?

(Il attend une réponse affirmative du Petit. Silence.)

LE PETIT: Nous attendions un coup de téléphone. Nous avons eu un coup de téléphone.

LE GROS: Ce n'était pas notre coup de téléphone. Ce n'était pas le coup de téléphone que nous attendions. Le coup de téléphone que nous attendons est différent.

(Il prend Le Petit par le nez, l'obligeant à ouvrir la bouche et le gave de gélules.
Il attrape son propre nez et s'oblige à engloutir les gélules d'une autre boîte.
Un long silence. Le Gros et Le Petit n'en peuvent plus.)

LE PETIT: Et si tout ça ne servait à rien ?

LE GROS: Quelle idée ! Il n'est pas possible que tant de douleur n'ait pas de sens. Regarde.

(Avec beaucoup de difficulté, Le Gros soutient Le Petit pour se regarder avec lui dans le miroir.)

LE GROS: C'est à se tordre de rire. À se pisser de rire. À mourir de rire.

(Le Gros se marre ; Le Petit, non. Le rire du Gros s'éteint peu à peu.)

LE GROS: Texte ou action ?

(Le Petit ne hausse même pas les épaules.)

GORDO: « Dos en Alaska ». Antecedentes: en el restaurante de Frank Marmota. Acude a atendernos nuestra camarera favorita, la dulce Patty. *(Voz de Patty.)* « ¿Qué van a tomar los señores? ». *(Voz muy amable del Gordo.)* Para empezar, my darling, comeré una vaca estofada. Luego, una paella valenciana para tres personas. Y para postre, los pasteles del escaparate. Y además, tráeme un cochinillo bien hecho.

(Lo dice con el acento de Hardy; el Flaco no responde con el de Laurel.)

FLACO: Yo tomaré lo mismo.

GORDO: Tú no debes probar bocado.

FLACO: ¿Por qué no?

GORDO: Porque tienes que boxear esta noche.

FLACO: Creí que eras tú quien iba a boxear esta noche.

GORDO: ¿Cómo puedes ser tan egoísta? Ni siquiera tenemos dinero para pagar esta comida. En las apuestas ganaremos fácilmente cincuenta pavos. Veinticinco para ti, veinticinco para mí.

FLACO: Pero yo nunca me he pegado con nadie. Ni siquiera sé cómo se hace.

GORDO: Confía en tu entrenador. Además, apostaremos contra ti.

(Silencio. El Gordo se monda.)

GORDO: Ni una coma, ¿te das cuenta? Ni una coma nos hemos comido. Vamos con los movimientos.

(El Flaco los interpreta con tanta desgana como entusiasmo sobra al Gordo. El Flaco hace como que coge un tablón. Al girarse, golpea con un extremo del imaginario tablón la nuca del Gordo. Al cambiar el sentido de giro, golpea la nuca del Gordo con el otro extremo del tablón. Pausa. El Gordo dice que no.)

FLACO: ¿No?

GORDO: Ésa es la escena de la piscina de « Dos en apuros ».

FLACO: ¿No es la escena del restaurante de « Dos en Alaska »?

GORDO: ¿Cómo puedes confundirlas? En « Dos en Alaska » el Flaco enciende una vela y acaba prendiendo fuego a la casa. En cambio, en « Dos en apuros », intentando clavar un clavo, el Flaco consigue que toda la casa se venga abajo. Aparte de que « Dos en apuros » es tres semanas más antigua. Entre « Dos en apuros » y « Dos en Alaska » hicimos « Dos en el casino », « Dos en el Oeste » y « Dos en Varsovia ». ¿Dónde tienes la cabeza?

(Pone el vídeo de « Dos en Alaska ». Oímos en la tele el diálogo que el Gordo y el Flaco acaban de ensayar. Lo que ve en el vídeo mejora el humor del Gordo.)

LE GROS: « Deux en Alaska ». Scène précédente : dans le restaurant de Franck Marmota. Notre serveuse préférée, la douce Patty, vient prendre notre commande. *(Voix de Patty.)* « Que vont prendre ces messieurs ? ». *(Voix du Gros, très aimable.)* Pour commencer, my darling, je prendrai un bœuf à la bourguignonne. Ensuite, une paella à la valencienne pour trois personnes. Et comme dessert, tous les gâteaux que vous avez en présentation. Et apportez-moi, en plus, un cochon de lait bien cuit.

(Il le dit avec l'accent de Hardy ; Le Petit ne répond pas avec celui de Laurel.)

LE PETIT: Je prendrai la même chose.

LE GROS: Tu ne dois pas avaler une bouchée.

LE PETIT: Et pourquoi ?

LE GROS: Parce que tu dois boxer ce soir.

LE PETIT: Je croyais que c'était toi qui allait boxer ce soir.

LE GROS: Comment peux-tu être aussi égoïste ? Nous n'avons même pas l'argent pour payer ce repas. Avec les paris, nous gagnerons facilement cinquante euros. Vingt-cinq pour toi, vingt-cinq pour moi.

LE PETIT: Oui mais moi je ne me suis jamais battu contre personne. Je ne sais même pas comment on fait.

LE GROS: Aie confiance en ton entraîneur. En plus, nous parierons contre toi.

(Silence. Le Gros se tord de rire.)

LE GROS: Pas une virgule, tu te rends compte ? On n'a même pas sauté une virgule. On passe à l'action.

(Le Petit interprète la scène avec un manque d'envie égal à l'excès d'enthousiasme du Gros. Le Petit fait comme s'il attrapait une grande planche. En se retournant, il frappe Le Gros à la nuque avec une extrémité de la planche imaginaire. En se retournant dans l'autre sens, il frappe Le Gros à la nuque avec l'autre extrémité de la planche. Pause. Le Gros lui fait signe que non.)

LE PETIT: Non ?

LE GROS: Ça, c'est la scène de la piscine dans « Deux dans le pétrin ».

LE PETIT: Ce n'est pas la scène du restaurant dans « Deux en Alaska » ?

LE GROS: Comment peux-tu les confondre ? Dans « Deux en Alaska », Le Petit allume une bougie et finit par mettre le feu à la maison. Alors que, dans « Deux dans le pétrin », en essayant de planter un clou, Le Petit réussit à faire s'effondrer toute la maison. Sans compter que « Deux dans le pétrin » est plus vieux de trois semaines. Entre « Deux dans la pétrin » et « Deux en Alaska », on a fait « Deux au casino », « Deux dans le Far West » et « Deux à Varsovie ». Où as-tu la tête ?

(Il met la cassette de « Deux en Alaska ». Nous entendons à la télé le dialogue que Le Gros et Le Petit viennent de répéter. Ce qu'il voit à la télé améliore l'humeur de Gros.)

FLACO: Entonces, ¿me estoy olvidando?
GORDO: No te agobies. Lo que tienes que hacer es repasar por las noches.
FLACO: Si no me agobio.
GORDO: Tú no te agobies. Si hace falta, se te ponen cartelones por las paredes con el diálogo, como a Marlon Brando. Tampoco pasa nada porque nos comamos algún matiz. Sólo hay una cosa que no podemos olvidar: la Y griega. Podemos olvidarlo todo menos la Y griega.
FLACO: ¿Será verdad? ¿Estaré olvidándolo todo de verdad?
GORDO: ¿?
FLACO: Si se me olvidara todo -las palabras, los movimientos, todo-, tendría que buscar otro trabajo. Hay miles de trabajos que no he probado nunca. Nunca he guiado ovejas. Nunca he pilotado un Fórmula 1.
(El Gordo apaga el vídeo.)
GORDO: No cabríamos en un Fórmula 1. En cuanto a las ovejas, ¿cuándo se ha visto dos pastores para un mismo rebaño?... ¿Por qué no te asomas al pasillo? Así te aireas. Anda, asómate. Por el teléfono no te preocupes. YO ESTOY ATENTO. Vamos, asómate, que te dé el aire.
FLACO: Mira.
(De debajo del colchón saca un álbum.)
GORDO: ¿Un secreto? ¿Tienes un secreto?
(El Flaco le ofrece el álbum. El Gordo lo abre: está lleno de recortes de periódicos. El Gordo coge un recorte. Lo lee.)
FLACO: Los tengo subrayados según el tipo de hombre que buscan. Unos con rotulador verde, otros con rojo...
GORDO: ¿Rojo?
FLACO: Otros con amarillo.
GORDO: Ah, no, eso sí que no.
(Vuelve a su posición original; el Flaco, no.)
FLACO: *(Lee de sus recortes.)* « Se necesita fontanero en Australia ». « Colegio bilingüe requiere profesor de Numismática ». « Hombre rana necesítase ».
(Silencio. El Flaco hace varios intentos de añadir algo, pero no se atreve. Cambia de posición para hablar.)
FLACO: Hay trabajos en que no hace falta ganar kilos, ni perderlos. *(No se atreve a mirar al Gordo.)* Trabajos de uno.
(El Gordo se da cuenta de que el Flaco ha cambiado de posición.)
GORDO: ¿Qué has dicho? No lo has dicho.
FLACO: *(Sin atreverse a mirar al Gordo.)* Lo he dicho. « Trabajos-de-uno ». ¡Lo he dicho!

LE PETIT: Alors, je suis en train d'oublier ?
LE GROS: Ne t'en fais pas. Tout ce que tu dois faire, c'est répéter tous les soirs.
LE PETIT: Mais je ne m'en fais pas.
LE GROS: Tu ne dois pas t'en faire. Si c'est nécessaire, on te met des écriteaux sur les murs avec les dialogues, comme pour Marlon Brando. Ça ne fait rien non plus qu'on saute quelques nuances. Il n'y a qu'une chose que nous ne pouvons pas oublier : le ET. Nous pouvons tout oublier sauf le ET.
LE PETIT: Ce serais donc vrai ? Je serais en train de tout oublier pour de vrai ?
LE GROS: ???
LE PETIT: Si j'oubliais tout – les textes, les actions, tout –, je devrais chercher un autre boulot. Il y a des milliers de boulots que je n'ai jamais essayé. Je n'ai jamais gardé de brebis. Je n'ai jamais piloté de Formule 1.
(Le Gros éteint la télé.)
LE GROS: Nous ne tiendrions pas dans une Formule 1. Quant aux brebis, où astu vu deux bergers pour un même troupeau ?... Pourquoi tu ne montres-toi dans le couloir ? Comme ça, tu t'aères. Vas-y, montre-toi. Ne t'inquiète pas pour le téléphone. C'EST MOI QUI M'EN OCCUPE. Allez, montre-toi, pour prendre l'air.
LE PETIT: Regarde.
(Il sort un album de dessous le matelas.)
LE GROS: Un secret ? Tu as un secret ?
(Le Petit lui offre l'album. Le Gros l'ouvre : il est plein de coupures de journaux. Le Gros prend une coupure. Il la lit.)
LE PETIT: Je les ai soulignées en fonction du type d'homme qu'ils cherchent. Les unes au feutre vert, les autres au feutre rouge...
LE GROS: Rouge ?
LE PETIT: Et d'autres au feutre jaune.
LE GROS: Ah non, ça c'est non !
(Il reprend sa position d'origine ; Le Petit, non.)
LE PETIT: *(Il lit certaines de ses coupures.)* « Cherche plombier en Australie ». « Collège bilingue cherche professeur de numismatique ». « Cherche homme-grenouille ».
(Silence. Le Petit fait plusieurs tentatives pour ajouter quelque chose, mais il n'ose pas. Il change de position pour parler.)
LE PETIT: Il y a des boulots pour lesquels il ne faut ni prendre de kilos, ni en perdre. *(Il n'ose pas regarder Le Gros.)* Des boulots pour une personne.
(Le Gros se rend compte que Le Petit a changé de position.)
LE GROS: Qu'est-ce que tu as dit ? Tu n'as pas dit ça.
LE PETIT: *(Sans oser regarder Le Gros.)* Je l'ai dit. « Des boulots-pour-une-personne ». Je l'ai dit !

(Segunda conmoción del Gordo. Esta vez, el Flaco no deja pasar su oportunidad.)
FLACO: Riiing, riiing.
(Y se precipita a coger el teléfono. Necesita de todas sus fuerzas para descolgarlo.)
FLACO: Dígame. *(Escucha.)* Sí.
(Cuelga. Silencio.)
GORDO: ¿Cuándo empezamos a rodar?
FLACO: Sólo quiere a uno. Va de un náufrago en una isla desierta. En toda la peli no sale nadie más, sólo el menda ése cogiendo conchas, hasta que se muere. SÓLO QUIERE A UNO.
GORDO: Debe de confundirnos la voz. Mucha gente nos confunde. Ese tío creía que estaba hablando conmigo. Es a mí a quien ese tío está ofreciendo una peli. Pero tú tranquilo. YO NO IRÉ SIN TI.
FLACO: Entonces, iré YO.
GORDO: ¿Sin MÍ?
(El Flaco mueve mucho y muy rápido la cabeza de arriba abajo.)
GORDO: *(Al público.)* Está nervioso, es lo que le pasa.
FLACO: No estoy nervioso.
(El Flaco mira la puerta.)
GORDO: Te vas a dar una vuelta, ¿no?, a ver si te calmas. Pero que sea corta. Tienes que reservar fuerzas para nuestra fiesta de aniversario.
(El Flaco saca su maleta.)
GORDO: Hay alguien más, es eso.
FLACO: ¿Quién?
GORDO: Otro.
(El Flaco niega. Empieza a hacer su equipaje.)
GORDO: Alguien más joven.
(El Flaco niega.)
GORDO: Ya sabía yo que le habías echado el ojo. Conque no te habías fijado, ¿eh? ¿Te crees que me chupo el dedo? Si te lo comías con los ojos. Te estás viendo con él. A mis espaldas.
FLACO: Yo siempre estoy aquí.
GORDO: Aprovechas cuando yo no estoy.
FLACO: Tú siempre estás aquí. Siempre estamos los dos. Aquí.
GORDO: Siempre estamos aquí porque éste es nuestro hogar. Este lugar lleno de habitaciones puestas sin ton ni son, sin una escalera que conecte las habitaciones inferiores con las superiores. Nuestro hogar, tuyo y mío. Eh... ¡la colección de minerales es mía!

(Second choc du Gros. Cette fois, Le Petit ne laisse pas passer sa chance.)
LE PETIT: Driiing, driiing.
(Et il se précipite pour répondre au téléphone. Il lui faut toutes ses forces pour décrocher.)
LE PETIT: Allô. *(Il écoute.)* Oui.
(Il raccroche. Silence.)
LE GROS: Quand commençons-nous à tourner ?
LE PETIT: Il ne veut qu'une personne. C'est l'histoire d'un naufragé sur une île déserte. Dans tout le film, il n'y a personne d'autre, juste ce mec qui ramasse des coquillages, jusqu'à ce qu'il meure. IL NE VEUT QU'UNE PERSONNE.
LE GROS: Il doit confondre nos voix. Beaucoup de monde nous confond. Ce type croyait qu'il me parlait à moi. C'est à moi que ce type propose un film. Mais tu peux être tranquille. JE N'IRAI PAS SANS TOI.
LE PETIT: Alors, j'irai MOI.
LE GROS: Sans MOI ?
(Le Petit bouge la tête de haut en bas, beaucoup et très rapidement.)
LE GROS: *(Au public.)* Il est nerveux, voilà ce qui lui arrive.
LE PETIT: Je ne suis pas nerveux.
(Le Petit regarde la porte.)
LE GROS: Tu vas faire un tour, hein ?, pour voir si tu te calmes. Mais pas longtemps. Tu dois garder des forces pour notre fête d'anniversaire.
(Le Petit sort sa valise.)
LE GROS: Il y a quelqu'un d'autre, c'est ça.
LE PETIT: Qui ?
LE GROS: Quelqu'un d'autre.
(Le Petit fait signe que non. Il commence à faire ses bagages.)
LE GROS: Quelqu'un de plus jeune.
(Le Petit fait signe que non.)
LE GROS: Je savais bien, moi, qu'il t'avait tapé dans l'œil. Ainsi donc, tu n'y avais pas fait attention, hein ? Tu crois que je gobe n'importe quoi ? Alors que tu le dévorais des yeux. Tu le fréquentes. Dans mon dos.
LE PETIT: Je suis tout le temps ici, moi.
LE GROS: Tu en profites quand je ne suis pas là.
LE PETIT: Tu es tout le temps ici, toi. Nous sommes tout le temps tous les deux. Ici.
LE GROS: Nous sommes tout le temps ici parce qu'ici, c'est notre foyer. Cet endroit plein de chambres construites sans rime ni raison, sans le moindre escalier qui relie les chambres de l'étage inférieur avec celles de l'étage supérieur. C'est notre foyer, à toi et à moi. Eh... la collection de minéraux est à moi !

(La saca del equipaje del Flaco.)
FLACO: Te la gané cuando lo de Chaplin.
GORDO: ¿?
FLACO: Apostaste a que no llegaría a Navidad y el viejo no estiró la pata hasta Marzo.
(El Gordo devuelve la colección de minerales a la maleta del Flaco. A éste le gustaría llevárselo todo, pero no le cabe. ¿Qué sacrificar? ¿El traje de presidiario? ¿El de marinerito?)
GORDO: Ya hubo una vez que nos pasó algo parecido. En « Dos en el Kremlin ». Te cabreas porque yo me tomo todo el caviar. Al cerrar la maleta, me pillas un huevo y acabamos los tres en el quirófano: yo, tú y la maleta. ¿Qué tal si aplicamos la misma solución?
FLACO: *(Para sí.)* ¿El traje de presidiario? ¿El de marinerito?
GORDO: No puedes hacerme esto. Llevamos juntos desde la guerra. Por cierto, ¿cómo acabó?
FLACO: ¿La guerra?
GORDO: Ella.
FLACO: ¿Con qué resultado, quieres decir?
GORDO: Eso.
FLACO: Bueno, verás, la guerra tuvo dos fases... Mira, mañana te llamo y te lo cuento. *(Se decide por abandonar ambos trajes.)*
GORDO: Te sentirás mejor en cuanto hayamos reordenado la habitación.
FLACO: ¿?
GORDO: Para que nada quede oculto. Para que todo pueda abarcarse de un vistazo.
FLACO: Pero si nos llevó meses guardarlo todo debajo de la cama. Nada a la vista, dijiste: los carteles, las películas... ¿CAMBIARLO TODO DE ORDEN OTRA VEZ?
GORDO: Valdrá la pena, si hace que te sientas mejor.
FLACO: Por mí, como si llamas al trapero.
(Ha acabado de hacer su maleta, pero le cuesta cerrarla.)
GORDO: Ventajas de vivir en un hotel: te hacen la cama, te limpian el baño... Podemos cambiarnos de planta, si quieres. ¿Llamo a recepción y les digo que en esta planta hay goteras?
FLACO: Por mí, como si llamas al trapero.
GORDO: Tienes razón: ¿de qué serviría cambiar de alcoba? El mismo ruidito del aire acondicionado, la misma mancha en la moqueta, el mismo planito por si incendios... Necesitamos un cambio de aires: Berlín.
FLACO: Ya estuvimos en Berlín.

(Il la sort des bagages du Petit.)
LE PETIT: Je l'ai gagnée quand on a parié à propos de Chaplin.
LE GROS: ???
LE PETIT: Tu avais parié qu'il ne verrait pas Noël et le vieux n'a pas passé l'arme à gauche avant le mois de mars.
(Le Gros remet la collection de minéraux dans la valise du Petit. Celui-ci aimerait tout emporter, mais ça ne contient pas. Que sacrifier ? Le costume de prisonnier ? Celui de petit mousse ?)
LE GROS: Il y a déjà eu une fois où il nous est arrivé quelque chose de ce genre. Dans « Deux au Kremlin ». Tu t'énerves parce que je m'enfile tout le caviar. En fermant la valise, tu me coinces une couille et on finit tous les trois au bloc : moi, toi et la valise. Si on appliquait la même solution, qu'est-ce que tu en dis ?
LE PETIT: *(Pour lui-même.)* Le costume de prisonnier ? Celui de petit mousse ?
LE GROS: Tu ne peux pas me faire ça. Nous sommes ensemble depuis la guerre. Au fait, comment elle s'est finie ?
LE PETIT: La guerre ?
LE GROS: Elle-même.
LE PETIT: Quel en a été le résultat, tu veux dire ?
LE GROS: C'est ça.
LE PETIT: Et bien, voyons, la guerre a connu deux phases... Tu sais quoi, je t'appelle demain et je te raconte ça. *(Il décide d'abandonner les deux costumes.)*
LE GROS: Tu te sentiras mieux quand nous aurons rangé la chambre.
LE PETIT: ???
LE GROS: Pour que rien ne reste caché. Pour que tout puisse être visible d'un coup d'œil.
LE PETIT: Mais ça nous a pris des mois de tout caser sous le lit. Rien en vue, tu avais dit : ni affiches, ni films... TU VEUX ENCORE TOUT CHANGER DE PLACE ?
LE GROS: Ça en vaudra la peine, si ça peut aider à ce que tu ailles mieux.
LE PETIT: Pour moi, c'est comme si tu pissais dans un violon.
(Il a fini de faire sa valise, mais il a du mal à la fermer.)
LE GROS: Les avantages de vivre à l'hôtel : on te fait le lit, on te nettoie la salle de bain... On pourrait changer d'étage, si tu veux. J'appelle la réception et je leur dis qu'à cet étage il y a des fuites ?
LE PETIT: Pour moi, c'est comme si tu pissais dans un violon.
LE GROS: Tu as raison : à quoi ça servirait de changer de chambre ? Il y aurait le même petit bruit d'air conditionné, la même tache sur la moquette, le même plan en cas d'incendie... Nous avons besoin de changer d'air : allons à Berlin.
LE PETIT: Nous avons déjà été à Berlin.

GORDO: San Francisco.
FLACO: Ya estuvimos en San Francisco. Hemos estado en todas partes.
GORDO: Madrid. Nunca hemos estado en Madrid. Único sitio en que nunca hemos estado. Nuestra última oportunidad: Madrid.
(El Flaco niega.)
GORDO: ¿Por qué no Madrid?
FLACO: Ni asomarnos por la puerta nos dejarán. En Roma, en la bendición papal, manchurreamos a una infanta española.
GORDO: ¿Manchurreamos a una infanta?
(El Flaco asiente.)
GORDO: Sería sin querer.
(El Flaco hace gesto como de « Así, así... ». Todavía no ha conseguido cerrar su maleta.)
GORDO: ¿Y si adoptásemos un niño? Dan mucha alegría a una casa... ¿Qué tal un perrito?... ¿Una tortuga?
FLACO: Si me quedo, ¿podré encerrarme horas y horas en el cuarto de baño? ¿Podré salpicar de dentrífico el espejo? ¿Podré empapar las toallas?
GORDO: Y mojar la tabla cuanto quieras. Haré la vista gorda.
(El Flaco parece tentado.)
FLACO: ¿Dónde está la puerta? Hace tiempo que no la veo.
GORDO: ¿Para qué quieres verla? Ya estamos dentro, ¿no? Ya hemos entrado. ¿Para qué quieres verla, la puerta?
FLACO: *(Viendo, al fin, la puerta.)* Me parece que ya la veo.
GORDO: Mira la ventana. ¿No es suficiente?
FLACO: Ahí está. La puerta.
(Consigue cerrar la maleta. El Gordo se congestiona de emoción. El Flaco vacila.)
FLACO: También a mí me da pena. « Dos en la catedral », « Dos en la Casa Blanca »... Me da pena, ¿y qué? « Dos en la luna », « Dos en raya »... ¿Hasta la muerte? « Dos por ciento », « Dos al cuadrado »... ¿Hasta que la muerte nos separe?
(El Gordo tiende al Flaco un paquete envuelto como regalo.)
GORDO: Ya que esta noche no vas a estar aquí...
(El Flaco toma el paquete. Pausa.)
FLACO: Ya lo abriré esta noche.
(Y camina hacia la puerta. El Gordo pone cara de perrillo abandonado por su amo. El Flaco vacila otra vez. Va a abrazar al Gordo. Se arrepiente.)

LE GROS: À San Francisco.

LE PETIT: Nous avons déjà été à San Francisco. Nous avons été partout.

LE GROS: À Madrid. Nous n'avons jamais été à Madrid. Le seul endroit où nous n'avons jamais été. Notre dernière chance : Madrid.

(Le Petit fait signe que non.)

LE GROS: Pourquoi pas Madrid ?

LE PETIT: Ils ne nous laisseront même pas mettre un pied dedans. À Rome, lors de la bénédiction papale, nous avons dégueulassé une infante espagnole.

LE GROS: Nous avons dégueulassé une infante ?

(Le Petit fait signe que oui.)

LE GROS: On a pas dû le faire exprès.

(Le Petit fait une moue qui semble dire « Comme ci comme ça... ». Il n'a toujours pas réussi à fermer sa valise.)

LE GROS: Et si nous adoptions un enfant ? Ils amènent beaucoup de joie dans une maison... Ou un petit chien, qu'en penses-tu ?... Une tortue ?

LE PETIT: Si je reste, je pourrai m'enfermer des heures et des heures dans la salle de bain ? Je pourrai éclabousser le miroir avec mon dentifrice ? Je pourrai tremper les serviettes de toilette ?

LE GROS: Et même asperger la lunette des WC autant que tu veux. Je laisserai passer.

(Le Petit semble tenté.)

LE PETIT: Où est la porte ? Ça fait un moment que je ne la vois pas.

LE GROS: Pourquoi veux-tu la voir ? Nous sommes déjà dedans, non ? Nous sommes déjà entrés. Pourquoi veux-tu la voir, la porte ?

LE PETIT: *(Il voit, enfin, la porte.)* Il me semble que je la vois, ça y est.

LE GROS: Regarde la fenêtre. Ça n'est pas suffisant ?

LE PETIT: La voilà. La porte.

(Il réussit à fermer sa valise. Sous le coup de l'émotion, Le Gros est tout congestionné. Le Petit hésite.)

LE PETIT: À moi aussi, ça me fait de la peine. « Deux dans la cathédrale », « Deux à la Maison Blanche »... Ça me fait de la peine, et alors ? « Deux sur la lune », « Deux en ligne »... Jusqu'à notre mort ? « Deux pour cent », « Deux au carré »... Jusqu'à ce que la mort nous sépare ?

(Le Gros tend au Petit un paquet emballé comme un cadeau.)

LE GROS: Puisque tu ne vas pas être là ce soir...

(Le Petit prend le paquet. Pause.)

LE PETIT: Je l'ouvrirai ce soir.

(Et il marche vers la porte. Le Gros fait une tête de chiot abandonné par son maître. Le Petit hésite à nouveau. Il va prendre Le Gros dans ses bras. Il fait machine arrière.)

FLACO: Intentas dar lástima a la gente, ¿eh? Que la gente piense: menudo cabrón el Flaco. Después de tantos años, le deja tirado al buenazo del Gordo. ¡Y el día de su aniversario! Después de tantos años, el Flaco ha resultado ser un hijodelagranputa. Después de tantos culatazos, después de tantos pisotones en la cara. Después de tantos policías con cachiporra, después de tantas cáscaras de plátano. Después de tantas palabras. Después de tantos movimientos...
GORDO: No sigas, lo sé: « Me aburro sólo con mirarte ». ¿Te crees que a mí no me ocurre? Pero hay algo muy hondo que me impide alejarme de ti. ¿Qué nos ha pasado? Hace tiempo que no hablamos. Demasiado trabajo. ¿Crees que nos ayudaría ir los dos a un psicólogo? Reconozco que no me he portado bien últimamente. No te he escuchado, no he sabido escucharte. Sin embargo, tantas veces he sentido ganas de abrazarte... ¿Oyes? *(Señala el aire.)* Nuestra canción. *(Tatarea una melodía romanticona.)* Te prometo que voy a cambiar. Démonos otra oportunidad. Empecemos de nuevo. Di el nombre de un lugar y allí viviremos.
FLACO: DONDETÚNOESTÉS.
(Abre la puerta. Pero el Gordo le pone delante de las narices un papel amarillado y polvoriento.)
FLACO: ¿?
GORDO: Firmaste un contrato, ¿recuerdas? Un documento. Establece la relación entre las partes. Los derechos y obligaciones recíprocas. Atento a la letra pequeña. ¿La ves? Ahí está: la Y griega.
(El Flaco necesita meter la cara en el papel para leerlo. Lo coge. Sin querer, lo arruga. Intentando desarrugarlo, lo arruga más. No sabe cómo coger el papel, no sabe dónde meterse las manos. Tira el papel al Gordo a la cara.)
FLACO: Denúnciame. Tienes un buen abogado.
(Va a salir, pero el Gordo le cierra la puerta.)
FLACO: Si sigues en este plan, pediré protección al juez. Tengo un buen abogado. Te condenarán a estar a un metro de distancia de mí.
(Pausa.)
GORDO: ¿Cómo sabré que estoy a un metro?
FLACO: ¿A un metro exacto, quieres decir? Pues con la barra.
GORDO: ¿?
FLACO: La barra. ¿No te hablaron de ella en el cole? Una barra de platino e iridio, conservada en Estrasburgo, que rige el sistema de las longitudes. El metro patrón. No se encoge ni se dilata. ¿A qué clase de colegio fuiste?

LE PETIT: Tu essaies d'appitoyer les gens, hein ? Pour que les gens pensent : quel salaud, Le Petit. Après tant d'années, il laisse en plan Le Gros, ce brave gars. Et le jour de leur anniversaire ! Après tant d'années, Le Petit s'avère être un fils de pute. Après tant de chutes sur les fesses, après tant de fois où il lui a mis le pied sur la figure. Après tant de policiers à matraque, après tant de peaux de banane. Après tant de textes. Après tant d'actions...

LE GROS: Ne continue pas, je sais : « Je m'ennuie rien qu'à te regarder ». Tu crois que ça ne m'arrive pas à moi ? Mais il y a quelque chose de plus profond qui m'empêche de m'éloigner de toi. Qu'est-ce qu'il nous est arrivé ? Ça fait longtemps que nous n'avons pas parlé. Trop de travail. Tu crois que ça nous aiderait d'aller tous voir un psychologue. Je reconnais que je ne me suis pas bien comporté dernièrement. Je ne t'ai pas écouté, je n'ai pas su t'écouter. Et pourtant, j'ai eu tant de fois envie de te prendre dans mes bras... Tu entends ? *(Il montre le vide.)* Notre chanson. *(Il fredonne une chanson gnangnan.)* Je te promets que je vais changer. Donnons-nous une autre chance. Recommençons. Dis le nom d'un endroit et c'est là que nous vivrons.

LE PETIT: LÀOÙTUNESPAS.

(Il ouvre la porte. Mais Le Gros lui met sous le nez un papier jauni et poussiéreux.)

LE PETIT: ???

LE GROS: Tu as signé un contrat, tu te rappelles ? Un document. Qui établit la relation entre les deux parties. Les droits et les obligations de chacun. Fais attention à la petite lettre. Tu le vois ? Il est là : le ET.

(Le Petit doit coller son visage sur le papier pour le lire. Il le prend. Sans le vouloir, il le froisse. En essayant de le défroisser, il le froisse encore plus. Il ne sait pas comment prendre le papier, il ne sait pas où mettre ses mains. Il jette le papier au visage du Gros.)

LE PETIT: Porte plainte contre moi. Tu as un bon avocat.

(Il va sortir, mais Le Gros lui ferme la porte.)

LE PETIT: Si tu persistes dans cette attitude, je demanderai une protection au juge. J'ai un bon avocat. On te condamnera à te tenir à un mètre de distance de moi.

(Pause.)

LE GROS: Comment je saurai que je suis à un mètre ?

LE PETIT: À un mètre exactement, tu veux dire ? Mais avec la baguette.

LE GROS: ???

LE PETIT: La baguette. On ne t'en a pas parlé au collège ? Une baguette en platine et en iridium, que l'on conserve à Strasbourg et qui régit le système des longueurs. Le mètre étalon. Il ne se rétracte pas et il ne se dilate pas. Dans quelle sorte de collège es-tu allé ?

GORDO: « El metro patrón ».
FLACO: Así se llama.
GORDO: Y dices que no cambia de tamaño nunca. Y la guardan en Estocolmo.
FLACO: O en Bruselas. Lo tengo apuntado. ¿Quieres que lo mire?
(El Gordo asiente. El Flaco va a abrir su maleta. Se arrepiente.)
FLACO: Ya sé por dónde vas: abro la maleta buscando el cuadernito y me tiro aquí nosecuántos años de propina. ¿Te crees que me chupo el dedo?
GORDO: Sólo un día más. La noche de nuestro aniversario.
FLACO: *(Abre la puerta.)* Me voy.
GORDO: *(La cierra.)* NO.
FLACO: ¿Por qué NO?
GORDO: Porque en « El Gordo y el Flaco » lo importante, lo único importante es la Y GRIEGA.
(Se pone el sombrero de Hardy. El Flaco se pone el de Laurel. Se visten con las ropas más típicas de Laurel y Hardy, y añaden postizos. Nunca se habían parecido tanto a los Laurel y Hardy de las películas.)
GORDO: *(Al público.)* Se me ha acabado la paciencia. Os pongo por testigos de que lo he intentado por activa y por pasiva.
FLACO: *(Al público.)* Habéis visto que lo he intentado por pasiva y por...
GORDO: *(Interrumpiéndole.)* ¿Qué estás haciendo?
FLACO: Estoy explicando al púb...
GORDO: *(Interrumpiéndole.)* No puedes, tú no puedes. *(Al público.)* Lo he intentado todo, pero se ve que con éste no se puede razonar. Y no consiento que un amigo se eche a perder por su propia irresponsabilidad. *(Para sí, vistiéndose.)* Para que me dejase entrar, yo le decía: « ¿Te la chupo? »... Él: « Pero límpiate los dientes primero »...
FLACO: *(Para sí, vistiéndose.)* Se había cortado el miembro... Yo le decía: « Un condón habría bastado »...
(Habiendo acabado de vestirse, el Gordo y el Flaco vuelven a sus posiciones originales. Silencio.)
GORDO: ¿Qué tal día hace?
(El Flaco mira hacia la ventana.)
FLACO: Las nubes están partidas. Cada nube está dividida en dos por un corte perfecto. Las mitades quieren separarse.
(El Flaco ayuda al Gordo a mirar hacia la ventana. Nunca antes lo había hecho el Gordo.)
GORDO: Las mitades de la nube están cosidas por un hilo invisible Ni el viento más fuerte podría separarlas.

LE GROS: « Le mètre étalon ».
LE PETIT: C'est comme ça qu'on l'appelle.
LE GROS: Et tu dis qu'il ne change jamais de taille. Et qu'on le garde à Stockholm.
LE PETIT: Ou à Bruxelles. Je l'ai noté. Tu veux que je le regarde ?
(Le Gros fait signe que oui. Le Petit va ouvrir sa valise. Il fait machine arrière.)
LE PETIT: Je sais bien où tu veux en venir : j'ouvre ma valise pour chercher mon petit cahier et je me tape je ne sais combien d'années de rab ici. Tu crois que je gobe n'importe quoi ?
LE GROS: Juste un jour de plus. Notre soirée d'anniversaire.
LE PETIT: *(Il ouvre la porte.)* Je m'en vais.
LE GROS: *(Il la ferme.)* NON.
LE PETIT: Pourquoi NON ?
LE GROS: Parce que dans « C'est moi le gros et toi le petit », l'important, la seule chose importante, c'est le ET.
(Il se met le chapeau de Hardy. Le Petit se met celui de Laurel. Ils s'habillent avec les costumes les plus typiques de Laurel et Hardy et ils y rajoutent des postiches. Ils n'ont jamais autant ressemblé aux Laurel et Hardy des films.)
LE GROS: *(Au public.)* Ma patience est à bout. Je vous prend à témoins que j'ai tout tenté, par tous les moyens.
LE PETIT: *(Au public.)* Vous avez vu que j'ai tout tenté, par tous les...
LE GROS: *(Il l'interrompt.)* Qu'est-ce que tu fais ?
LE PETIT: Je suis en train d'expliquer au pub...
LE GROS: *(Il l'interrompt.)* Tu ne peux pas, toi tu ne peux pas. *(Au public.)* J'ai vraiment tout essayé, mais il est clair qu'il n'y a pas moyen de le ramener à la raison. Et je n'accepte pas qu'un ami se détruise du fait de sa propre irresponsabilité. *(Pour lui-même, tout en s'habillant.)* Pour qu'il me laisse entrer, je lui disais ; « Je te suce ? »... Et lui : « Oui mais lave-toi d'abord les dents »...
LE PETIT: *(Pour lui-même, tout en s'habillant.)* Il s'était coupé le sexe... Et moi je lui disais : « Une capote aurait suffi »...
(Une fois qu'ils ont fini de s'habiller, Le Gros et Le Petit reprennent leur position d'origine. Silence.)
LE GROS: Quel genre de journée on a ?
(Le Petit regarde vers la fenêtre.)
LE PETIT: Les nuages sont partagés. Chaque nuage est divisé en deux par une coupure bien nette. Les moitiés veulent se séparer.
(Le Petit aide Le Gros à regarder vers la fenêtre. Le Gros ne l'avait jamais fait avant.)
LE GROS: Les moitiés de nuage sont cousues par un fil invisible. Même le vent le plus violent ne pourrait pas les séparer.

(El Gordo y el Flaco suben a la cama cual si fuera un ring. Se dirigen a rincones diagonalmente opuestos. Comparan los cuerpos.)
GORDO: ¿Qué pasa? ¿Te parece un duelo desigual? ¿Es que no crees en la libre competencia?
FLACO: No sé. No lo veo claro.
GORDO: Llevas razón: no tienes ninguna oportunidad. Durante décadas he desayunado algas marinas, cebolla y arroz blanco hervido con cerveza. Tú te has comido los restos. Durante años he dormido la siesta mientras tú limpiabas debajo de la cama. Para colmo, mi centro de gravedad es más bajo que el tuyo. *(Al público.)* Mejor si os marcháis. ¿Qué necesidad tenéis de presenciar algo tan desagradable? ¿Os quedáis? Menudo público. Pues ya que os quedáis: ¡Hagan sus apuestas! *(Al Flaco.)* No tienes ninguna oportunidad.
FLACO: No tengo ninguna oportunidad. La aprovecharé. *(Lanza un crochet al aire.)* ¡Crochet!
GORDO: *(Lanza un opercut al aire.)* ¡¡¡Opercut!!!
(Con aspavientos agresivos, el Gordo ensaya su opercut. Tímidamente, el Flaco ensaya su crochet. Cada golpe al aire es subrayado con un agresivo «¡¡¡Opercut!!! » o con un tímido « ¡Crochet! ». Cual luchador de sumo, el Gordo levanta una pierna y la deja caer a plomo; luego la otra pierna; recita algo que suena a oración de guerra. El Flaco se acojona. Ambos púgiles se frotan con talco las manos; se calzan los guantes. En señal de saludo, hacen chocar los cuatro guantes en el centro del ring.)
GORDO: ¿Estás seguro de que conoces el reglamento? Pisotones y mordiscos, prohibidos. Y cuidadito con tocar las partes del contrario. ¡Gooong!
(El combate ha comenzado. Los púgiles se estudian.)
GORDO: ¿Los oyes? « ¡Mátalo! ¡Mátalo! ». Se refieren a ti. Aún estás a tiempo de tirar la toalla.
FLACO: ¿Y envejecer a tu lado? ¿Qué puedo esperar? ¿Hay una fase C del plan? ¿Diuréticos? ¿Liposucción? ¿Anorexia?
GORDO: ¿Por qué has tenido que pronunciar la palabra?
FLACO: ¿Qué palabra?
GORDO: Esa palabra, lo sabes muy bien.
FLACO: ¿Anorexia?
GORDO: ¿Por qué has utilizado la maldita palabra?
FLACO: ¿Cuál? ¿Liposucción? ¿Diuréticos?

(Le Gros et Le Petit montent sur le lit comme s'il s'agissait d'un ring. Ils se dirigent vers des coins diagonalement opposés. Ils comparent leurs deux corps.)
LE GROS: Qu'est-ce qu'il y a ? Tu trouves que c'est un duel inégal ? C'est que tu ne crois pas à la libre concurrence ?
LE PETIT: Je ne sais pas. Je n'y vois pas clair.
LE GROS: Et tu as raison : tu n'as aucune chance. Pendant des décennies, j'ai déjeuné avec des algues marines, de l'oignon et du riz blanc cuit à la bière. Toi, tu as mangé les restes. Pendant des années, j'ai fait la sieste pendant que toi tu nettoyais sous le lit. Pour couronner le tout, mon centre de gravité est plus bas que le tien. *(Au public.)* Il vaudrait mieux que vous vous en alliez. Quel besoin avez-vous d'assister à quelque chose d'aussi désagréable ? Vous restez ? Quel public ! Bon, puisque vous restez : lancez les paris ! *(Au Petit.)* Tu n'as aucune chance.
LE PETIT: Je n'ai aucune chance. J'en profiterai. *(Il lance un crochet dans le vide.)* Crochet !
LE GROS: *(Il lance un uppercut dans le vide.)* Uppercut !!!
(Avec force manifestations agressives, Le Gros essaie son uppercut. Timidement, Le Petit essaie son crochet. Chaque coup dans le vide est souligné par un « Uppercut !!! » agressif ou par un « Crochet ! » timide. Tel un lutteur de sumo, Le Gros lève une jambe et la laisse retomber sur place ; et puis l'autre jambe ; il récite quelque chose qui ressemble à une invocation guerrière. Le Petit balise. Les deux combattants se frottent les mains avec du talc ; ils enfilent leurs gants. En signe de salut, ils cognent les quatre gants au centre du ring.)
LE GROS: Tu es sûr que tu connais les règles ? Marcher sur les pieds et mordre est interdit. Et attention à ne pas toucher les parties de l'adversaire. Gooong !
(Le combat a commencé. Les combattants s'étudient.)
LE GROS: Tu les entends ? « Tue-le ! Tue-le ! ». Ils parlent de toi. Tu es encore à temps de jeter l'éponge.
LE PETIT: Et de vieillir à tes côtés ? Qu'est-ce que je peux espérer ? Il existe une phase C du plan ? Les diurétiques ? La liposuccion ? L'anorexie ?
LE GROS: Pourquoi a-t-il fallu que tu prononces le mot ?
LE PETIT: Quel mot ?
LE GROS: Ce mot-là, tu sais très bien lequel.
LE PETIT: L'anorexie ?
LE GROS: Pourquoi as-tu utilisé ce putain de mot ?
LE PETIT: Lequel ? La liposuccion ? Les diurétiques ?

GORDO: Está bien, tú lo has querido. *(Al público.)* Para que el trance le sea más agradable, le contaré un cuento muy bonito. Se titula « Leal y Desleal ». *(Al Flaco.)* Érase dos amigos que vivían dichosos en el bosque. Cada mañana, Leal salía a cazar y nunca volvía sin comida, eran felices. ¿Me sigues?

(El Flaco asiente. El Gordo prepara su opercut. Pero el Flaco se coge a él como una lapa. El Gordo consigue zafarse del Flaco y levanta un puño como un martillo.)

FLACO: ¡Gooong! Fin del primer asalto.

(El Flaco se escabulle hacia su rincón. El Gordo vuelve al suyo, quemadísimo.)

GORDO: Ya he comprendido tu estrategia. Pues vas listo. ¡Gooong! Segundo asalto.

(Comienza el segundo asalto.)

GORDO: « Leal y Desleal », segunda parte. A aquel bosque llegó la ley de rendimientos decrecientes. La caza empezó a escasear, y los dos amigos descubrieron lo que era pasar hambre. Leal estaba triste y Desleal, en lugar de animarlo, le echaba la culpa de todo.

FLACO: Qué cuento más tonto.

GORDO: No te precipites. Es un cuento con mucha moraleja.

(El Gordo lanza un opercut contra la mandíbula del Flaco, que había descuidado su defensa.)

GORDO: Un golpe modélico. ¡¡¡Opercut!!!

FLACO: ¡¡¡Scroooonch!!!

(El Flaco gira como una peonza antes de caer a plomo fuera de la cama. El Gordo ya canta victoria.)

GORDO: ¡Uno! ¡Dos! ¡Tres! ¡Cuatro! ¡Cin...! ¡Gooong! ¡Fin del segundo asalto!

(Al Gordo le mosquea que, por segunda vez, la campana salve al Flaco. Vacilante, el Flaco va hacia su rincón, anhelando descanso. La llamada al tercer asalto pilla a ambos de camino.)

GORDO: ¡Gooong! ¡Tercer asalto!

(El Gordo salta de la cama para rematar la faena. Con la vista nublada, el Flaco le hace frente.)

GORDO: Tercer episodio de « Leal y Desleal ». Mientras Leal lucha en el bosque contra la ley de rendimientos decrecientes, Desleal se lo monta con todo el vecindario. De todo prueba Desleal con muchas ganas, su apetito es inagotable. De pronto, alguien llama: « Pon, pon ».

LE GROS: C'est bon, c'est toi qui l'as voulu. *(Au public.)* Pour que cette galère vous soit plus agréable, je vais vous raconter un très joli conte. Il s'intitule « Loyal et Déloyal ». *(Au Petit.)* Il était une fois deux amis qui vivaient, heureux, dans une forêt. Tous les matins, Loyal partait à la chasse et il ne revenait jamais sans nourriture, et ils étaient heureux. Tu me suis ?

(Le Petit fait signe que oui. Le Gros prépare son uppercut. Mais Le Petit s'agrippe à lui comme une arapède. Le Gros réussit à se débarrasser du Petit et lève le poing comme si c'était un marteau.)

LE PETIT: Gooong ! Fin du premier round.

(Le Petit s'échappe vers son coin. Le Gros regagne le sien, furieux.)

LE GROS: J'ai bien compris ta stratégie. Et bien tu te goures. Gooong ! Deuxième round.

(Le deuxième round commence.)

LE GROS: « Loyal et Déloyal », deuxième partie. La loi des rendements décroissants atteignit cette forêt. Le gibier commença à se raréfier et nos deux amis découvrirent ce que c'était que d'avoir faim. Loyal était triste et Déloyal, au lieu de l'encourager, rejetait toute la faute sur lui.

LE PETIT: Quel conte stupide !

LE GROS: Pas de précipitation. C'est un conte riche d'enseignements.

(Le Gros lance un uppercut contre la mâchoire du Petit, qui avait baissé sa garde.)

LE GROS: Un coup d'anthologie. Uppercut !!!

LE PETIT: Scroooonch !!!

(Le Petit tourne sur lui-même comme une toupie avant de tomber à pic hors du lit. Le Gros chante déjà victoire.)

LE GROS: Un ! Deux ! Trois ! Quatre ! Cin... ! Gooong ! Fin du deuxième round !

(Le Gros se fâche parce que, pour la deuxième fois, la cloche sauve Le Petit. Chancelant, Le Petit va vers son coin, désireux de se reposer. L'appel du troisième round les surprend tous les deux en chemin.)

LE GROS: Gooong ! Troisième round !

(Le Gros saute du lit pour achever le combat. La vue trouble, Le Petit lui fait face.)

LE GROS: Troisième épisode de « Loyal et Déloyal ». Pendant que Loyal lutte dans la forêt contre la loi des rendements décroissants, Déloyal monte des combines avec tout le voisinage. Il goûte à tout de bon cœur, son appétit est inépuisable. Soudain, quelqu'un frappe à la porte : « Toc, toc ».

FLACO: « ¿Quién es? ».
GORDO: « Tu leal amigo, que vuelve a casa ». Desleal, que está infraganti, bloquea la puerta. Leal insiste: « ¿Es que me ocultas algo? ¿Me abrirás si me arranco los ojos? ».
FLACO: No hacía falta tanto. Con no mirar habría bastado.
(El Gordo arrea un opercut sobre el mentón del Flaco, que con el cuento se había distraído.)
GORDO: ¡¡¡Opercut!!! Fin de « Leal y Desleal ».
FLACO: ¡¡¡Crrrackkk!!! Fracturas múltiples.
(El Flaco rebota contra las imaginarias doce cuerdas antes de desplomarse.)
GORDO: *(Muy rápido.)* Uno-dos-tres-cuatro-cinco-seis-si...
(Pero no ha contado lo bastante rápido para evitar que el Flaco se levante. Mareado, el Flaco va hasta el minibar, de donde saca un spray. Se echa un montón de espuma en un guante.)
GORDO: No.
FLACO: Sí.
(El Flaco empieza a moverse en círculo alrededor del Gordo.)
GORDO: No me digas que vas a empezar con lo de la tarta.
FLACO: A la gente le gusta que nos tiremos tartas. Baratas. Por eso tenemos el minibar lleno de tartas. Baratas.
GORDO: La gente nos va a tomar por payasos. De pronto, no se sabe cómo, hay una tarta en la mano del payaso.
(De pronto, no se sabe cómo, hay una navaja en la mano del Gordo.)
FLACO: Está bien, me has convencido.
GORDO: A buenas horas.
FLACO: ¿Quieres pasar el resto de tus días en Alcatraz o en otro penal de máxima seguridad?
GORDO: Nadie sospechará de mí. Todos esos polis han visto nuestras pelis. ¿Quién va a pensar que el Gordo pueda haberle hecho daño al Flaco?
FLACO: ¿Y la sangre qué? En cuanto vean las salpicaduras, las de la limpieza pondrán el grito en el cielo.
GORDO: Pensarán que es mermelada. De fresa: la mermelada por antonomasia.
(Los dos púgiles se mueven trazando una circunferencia, mirándose a los ojos.)
FLACO: Todo esto es muy irregular. ¿Dónde está el árbitro?
GORDO: ¿Llamamos a Tarzán para que arbitre? O mejor, ¿llamamos al botones y le ponemos un pito en la boca?

LE PETIT: « Qui est là ? ».
LE GROS: « C'est ton ami loyal, qui rentre à la maison ». Déloyal, pris en flagrant délit, bloque la porte. Loyal insiste : « C'est parce que tu me caches quelque chose ? Tu m'ouvriras si je m'arrache les yeux ? ».
LE PETIT: Ce n'était pas la peine d'en faire autant. Il aurait suffi qu'il ne regarde pas.
(Le Gros donne un uppercut sur le menton du Petit, qui avait été distrait par le conte.)
LE GROS: Uppercut !!! Fin de « Loyal et Déloyal ».
LE PETIT: Craaac !!! Fractures multiples.
(Le Petit rebondit contre les douze cordes imaginaires avant de s'écrouler.)
LE GROS: *(Très rapidement.)* Un-deux-trois-quatre-conq-six-se...
(Mais il n'a pas compté suffisamment vite pour éviter que Le Petit se relève. Vaseux, Le Petit va jusqu'au minibar, d'où il sort un spray. Il met un tas de mousse sur un de ses gants.)
LE GROS: Non.
LE PETIT: Si.
(Le Petit commence à se déplacer en décrivant un cercle autour du Gros.)
LE GROS: Ne me dis pas que tu vas commencer avec le sketch de la tarte à la crème.
LE PETIT: Les gens aiment qu'on se lance des tartes à la crème. Pas chères. C'est pour ça que nous avons le minibar plein de tartes. Pas chères.
LE GROS: Les gens vont nous prendre pour des clowns. Soudain, on ne sait comment, il y a une tarte à la crème dans la main du clown.
(Soudain, on ne sait comment, il y a un couteau dans la main du Gros.)
LE PETIT: C'est bon, tu m'as convaincu.
LE GROS: À la bonne heure.
LE PETIT: Tu veux passer le reste de tes jours à Alcatraz ou dans une autre prison de haute sécurité ?
LE GROS: Personne ne me suspectera. Tous ces flics ont vu nos films. Qui va croire que Le Gros peut avoir fait du mal au Petit ?
LE PETIT: Et le sang alors ? Dès qu'elles verront les éclaboussures, les personnes chargées du ménage pousseront de hauts cris.
LE GROS: Elles penseront que c'est de la confiture ? De la confiture de fraise : la confiture par excellence.
(Les deux combattants se déplacent en traçant un cercle et en se regardant dans les yeux.)
LE PETIT: Tout cela est très irrégulier. Où est l'arbitre ?
LE GROS: On appelle Tarzan comme arbitre ? Mieux encore, on appelle le groom et on lui met un sifflet dans la bouche ?

FLACO: Buena idea.
GORDO: Una idea cojonuda.
(El Gordo prepara el gesto de clavar la navaja. Como se trata de redondear la faena, se toma su tiempo para adornarse.)
FLACO: Me has dado una buena lección. No volveré a mirar esa puerta. Ya sé, ya sé, no hace falta que me lo digas: no volverás a confiar en mí. A menos que te dé una prueba irrefutable de que he aprendido la lección. Una prueba irrefutable, una señal inequívoca, un sacrificio. ¿Un dedo? ¿Una mano? ¿La cabeza del botones?
GORDO: ¿La cabeza del botones?
FLACO: No me negarás que tiene un alto valor simbólico.
GORDO: Hombre, sí, pero...
FLACO: Le bastaron cinco palabritas para hacerme caer como un panoli. « ¿Han-pedido-ustedes-una-toalla? ». Qué desparpajo tiene el granuja. « Si me necesitan, sólo tienen que llamar a recepción ». Me dice dos lindezas y ya estoy viéndolo como un cochinillo crujiente. Pero si no es gracioso, si no tiene pizca de gracia. Seguro que ni caerse de culo sabe. Pero me dice dos lindezas y ya lo veo como un melocotón. O intervenimos ipso facto o ése nos revienta la Y griega.
GORDO: Pero...
FLACO: No hay pero que valga, somos un grupo alegre el día de su aniversario. Te preguntarás cómo vamos a resolver esto. Lo tengo todo pensado. Primero: lo atraigo a esta habitación. Segundo: le planteo un problema.
GORDO: ¿Te refieres a « Un tren de mil doscientas toneladas choca con otro de mil quinien... »?
FLACO: *(Interrumpiéndole.)* Me refiero a: « En una batalla, al menos el setenta por ciento de los combatientes pierde un ojo; al menos un ochenta por ciento, una oreja; al menos un noventa, las narices. ¿Cuántos han perdido las tres cosas? ». Mientras el botones busca la solución, tú te encargas del resto.
GORDO: ¿El resto?
FLACO: El resto lo harás como en la escena final de « Dos en Nochebuena ».
GORDO: ¿El resto lo haré como en « Dos en Nochebuena »?
FLACO: Precisamente.
GORDO: No es lo mismo « trinchar un pavo » que « matar a un hombre ».
FLACO: Pero el diálogo vale casi entero. Sólo hay que cambiar un par de palabras.

LE PETIT: Bonne idée.
LE GROS: Une idée formidable.
(Le Gros prépare le geste de planter son couteau. Comme il s'agit de parachever le combat, il prend son temps pour peaufiner.)
LE PETIT: Tu m'as donné une bonne leçon. Je ne recommencerai pas à regarder cette porte. Je sais, je sais, ce n'est pas la peine que tu me le dises : tu ne me feras plus confiance. À moins que je donne une preuve irréfutable comme quoi j'ai compris la leçon. Une preuve irréfutable, un signe indiscutable, un sacrifice. Un doigt ? Une main ? La tête du groom ?
LE GROS: La tête du groom ?
LE PETIT: Tu ne nieras pas que ça a une haute valeur symbolique.
LE GROS: Ça, oui, mais...
LE PETIT: Cinq mots ont suffi pour qu'il me fasse tomber dans le panneau comme un bleu. « Vous-avez-demandé-une-serviette-de-toilette ? ». Quel culot il a, ce vaurien. « Si vous avez besoin de moi, vous n'avez qu'à appeler la réception ». Il me dit trois mots doux et ça y est, je le vois comme un cochon de lait craquant. Alors qu'il n'est pas drôle, qu'il n'a pas une once de drôlerie. Je suis sûr qu'il ne sais même pas tomber sur les fesses. Mais il me dit trois mots doux et ça y est, je le vois comme une pêche. Soit nous intervenons ipso facto soit ce type fait exploser le ET.
LE GROS: Mais...
LE PETIT: Il n'y a pas de mais qui tienne, nous sommes un groupe joyeux, le jour de son anniversaire. Tu dois te demander comment nous allons régler cela. J'ai tout prévu. Premièrement, je l'attire dans la chambre. Deuxièmement, je lui pose un problème.
LE GROS: Tu penses à celui-là : « Un train de mille deux cents tonnes tamponne un autre train de mille cin... » ?
LE PETIT: *(Il l'interrompt.)* Je pense à celui-ci : « Dans une bataille, au moins soixante-dix pour cent des combattants perdent un œil ; au moins quatre-vingts pour cent perdent une oreille ; au moins quatre-vingt-dix pour cent perdent leur nez. Combien d'entre eux ont perdu les trois ? ». Pendant que le groom cherche la réponse, toi tu te charges du reste.
LE GROS: Le reste ?
LE PETIT: Le reste, tu le feras comme dans la scène finale de « Deux à Noël ».
LE GROS: Le reste, je le ferai comme dans la scène finale de « Deux à Noël » ?
LE PETIT: Exactement.
LE GROS: Ce n'est pas la même chose de « découper la dinde » et de « tuer un homme ».
LE PETIT: Mais le dialogue convient presque entièrement. Il n'y a qu'à changer quelques mots.

GORDO: ¿No bastaría con darle un escarmiento? ¿Un sustito?
FLACO: No te atormentes. Estamos en una situación límite. No somos responsables de nuestros actos.
GORDO: Pero dejaremos huellas por todas partes. Pedazos.
FLACO: Nadie sospechará de nosotros. Todos esos polis han visto nuestras pelis. ¿Quién va a pensar que el Gordo y el Flaco puedan hacer algo así?
FLACO: ¿Y la sangre?
GORDO: Mermelada por antonomasia: la de fresa.
(Pausa.)
GORDO: ¿Dónde?
FLACO: En la bañera.
GORDO: ¿Cuándo?
FLACO: Ahora.
GORDO: ¿Sin ensayar?
FLACO: Sin ensayar.
GORDO: Conque sin ensayar. Soy gordo, no gilipollas.
(Va a atacar. El Flaco se protege con la almohada.)
FLACO: ¿Palabras o movimientos?
GORDO: Movimientos.
FLACO: Supongamos que la almohada es el botones. ¿Me permites? *(Le pide la navaja. El Gordo se la da.)* Cuando él haga así, tú haces así. *(Clava la navaja en la almohada.)* ¿Te has perdido? Te lo repito. Supongamos que tú eres el botones. Él hace así, entonces tú...
(El Gordo está a merced del Flaco y de la navaja. De un crochet, el Flaco aplasta la espuma contra el rostro del Gordo.)
FLACO: ¡¡¡Crochet!!!
(El Gordo queda boca arriba, espatarrado pero vivo.)
GORDO: *(Perplejo.)* ¿Qué ha pasado? ¿Es que nos hemos equivocado de peli?
FLACO: No. No nos hemos equivocado de peli.
GORDO: No cantes victoria. He resbalado, pero aún puedo levantarme.
FLACO: *(Con parsimonia, con seguridad.)* Uno. Dos. Tres...
GORDO: Riing, riiing.
(Pero el Flaco no coge el teléfono. El Gordo estira el brazo hacia el teléfono, pero no llega.)
FLACO: Cuatro. Cinco. Seis....
(El Gordo suplica al Flaco que coja el teléfono. El Flaco no le hace caso.)
FLACO: Siete... Ocho... Nueve...

LE GROS: Il ne suffirait pas de lui donner une leçon ? Un ersatz ?
LE PETIT: Ne t'inquiète pas. Nous sommes dans une situation limite. Nous ne sommes pas responsables de nos actes.
LE GROS: Mais nous laisserons des traces partout. Des morceaux.
LE PETIT: Personne ne nous suspectera. Tous ces flics ont vu nos films. Qui va croire que Le Gros et Le Petit peuvent avoir fait une chose pareille ?
LE GROS: Et le sang ?
LE PETIT: De la confiture par excellence : de la confiture de fraise.
(Pause.)
LE GROS: Où ?
LE PETIT: Dans la baignoire.
LE GROS: Quand ?
LE PETIT: Maintenant.
LE GROS: Sans répéter ?
LE PETIT: Sans répéter.
LE GROS: Ainsi donc, sans répéter. Je suis gros, pas con.
(Il va attaquer. Le Petit se protège avec un coussin.)
LE PETIT: Texte ou action.
LE GROS: Action.
LE PETIT: Supposons que ce coussin est le groom. Tu permets ? *(Il lui demande le couteau. Le Gros le lui donne.)* Quand lui, il fait comme ça, toi, tu fais comme ça. *(Il plante le couteau dans le coussin.)* Tu t'es perdu ? Je te le répète. Supposons que toit tu es le groom. Lui, il fait comme ça, alors toi, tu...
(Le Gros est à la merci du Petit et du couteau. D'un crochet, Le Petit écrase la mousse contre le visage du Gros.)
LE PETIT: Crochet !!!
(Le Gros reste sur le dos, les quatre fers en l'air mais en vie.)
LE GROS: *(Perplexe.)* Que s'est-il passé ? Est-ce que nous nous sommes trompés de film ?
LE PETIT: Non, nous ne nous sommes pas trompés de film.
LE GROS: Ne chante pas victoire. J'ai glissé, mais je peux encore me relever.
LE PETIT: *(Avec parcimonie, avec assurance.)* Un. Deux. Trois...
LE GROS: Driiing, driiing...
(Mais Le Petit ne décroche pas le téléphone. Le Gros étend le bras vers le téléphone, mais il ne l'atteint pas.)
LE PETIT: Quatre. Cinq. Six...
(Le Gros supplie Le Petit de décrocher le téléphone. Le Petit ne fait aucun cas de lui.)
LE PETIT: Sept... Huit... Neuf...

GORDO: Me tiraré por la ventana. Me abriré las venas. Me...
FLACO: Diez.
GORDO: K.O.
(Del pasillo viene el alarido de Tarzán. El Flaco se quita los guantes y ayuda al Gordo a incorporarse.)
GORDO: *(Sonado.)* Vivir en un hotel tiene muchas ventajas. No puedes irte, es impropio de tu personaje. Tú eres el pasivo y yo el... Volverás suplicándome que te haga un hueco en la cama. ¿Qué culpa tengo yo de la ley de rendimientos decrecientes? ¡Van a colorear nuestras películas! Si quieres, nos pueden meter nuevos personajes. Nos pueden meter a un tercero, si quieres. Tú puedes ser gordo, si quieres, y yo delgadito. No sabrás vivir sin mí. Las patadas en el culo, los coscorrones, sin mí nada de eso tiene gracia. ¡Somos un grupo alegre!
(El Flaco limpia al Gordo de tarta, lo lleva a la cama, lo arropa, lo acomoda para que vea la tele. Elige una cinta de vídeo.)
FLACO: « Dos en el teatro »: la más aburrida de todas. *(Pone en marcha el vídeo, que empezamos a oír. El Flaco pasa a hablar y a moverse como un hombre común.)* Cuando despiertes, verás las cosas de otra manera. Lo primero que has de hacer es apuntarte en la oficina de empleo. Estás muy preparado, seguro que consigues una buena colocación.
GORDO: ¿Por qué hablas tan raro?
(El Flaco le da un beso en la frente.)
FLACO: ¿Cómo pudiste apostar contra mí? En todas las películas, el Gordo intenta aprovecharse del Flaco. En todas las películas, el Flaco se la juega al Gordo.
(El Flaco se va con su maleta, caminando como un hombre común. Resbala y se da un culatazo, pero reacciona en seguida y sale.
El Gordo se queda solo. Pausa. El vídeo de « Dos en el teatro » le rompe el corazón, no puede soportarlo, lo apaga. Se abraza a los guantes del Flaco: lo único que le queda de ÉL. Tatarea aquella melodía romanticona, « nuestra canción ». De uno de los guantes cae a plomo una herradura. Indignado, el Gordo salta de la cama.)
GORDO: ¡Tramposo!
(Furioso, arroja la herradura al pasillo. De allí viene ruido de impacto herradura-cráneo y grito dolorido de Tarzán. Precipitadamente, el Gordo cierra la puerta, vuelve a la cama y se cubre hasta la nariz.
Pausa. Más pausa.

LE GROS: Je me jetterai par la fenêtre. Je m'ouvrirai les veines. Je...
LE PETIT: Dix.
LE GROS: K.O.
(Le hurlement de Tarzan vient du couloir. Le Petit enlève ses gants et aide Le Gros à se redresser.)
LE GROS: *(Sonné.)* Vivre à l'hôtel a beaucoup d'avantages. Tu ne peux pas t'en aller, ça ne correspond pas à ton personnage. C'est toi le passif et c'est moi le... Tu reviendras me supplier de te faire un petit trou dans le lit. En quoi je suis coupable, moi, de la loi des rendements décroissants ? Ils vont mettre nos films en couleur ! Si tu veux, ils peuvent mettre de nouveaux personnages. Ils peuvent nous mettre un troisième, si tu veux. Tu peux être gros, si tu veux, et moi tout mince. Tu ne sauras pas vivre sans moi. Les coups de pied au cul, les tapes sur la tête, sans moi, rien de tout ça n'est drôle. Nous sommes un groupe joyeux !
(Le Petit nettoie la tarte à la crème sur Le Gros, il le met au lit, il le couvre, il l'installe pour qu'il regarde la télé. Il choisit une cassette vidéo.)
LE PETIT: « Deux au théâtre » : le plus ennuyeux de tous. *(Il met en route la cassette, que nous commençons à entendre. Le Petit se met à parler et à se déplacer comme un homme du commun.)* Quand tu te réveilleras, tu verras les choses d'une manière différente. La première des choses que tu dois faire, c'est de t'inscrire à l'agence de l'ANPE. Tu as un bon bagage, tu vas trouver une bonne place, c'est sûr.
LE GROS: Pourquoi tu parles si bizarrement ?
(Le Petit lui donne un baiser sur le front.)
LE PETIT: Comment as-tu pu parier contre moi ? Dans tous les films, Le Gros tente de profiter du Petit. Et dans tous les films, Le Petit se joue du Gros.
(Le Petit s'en va avec sa valise, marchant comme un homme du commun. Il glisse et tombe sur les fesses, mais il réagit aussitôt et sort.
Le Gros reste seul. Pause. La cassette de « Deux au théâtre » lui brise le cœur, il ne peut pas le supporter, il l'éteint. Il prend dans ses bras les gants du Petit : c'est la seule chose qu'il lui reste de LUI. Il fredonne cette mélodie gnangnan, « notre chanson ». Un fer à cheval tombe tout droit d'un des gants. Indigné, Le Gros saute du lit.)
LE GROS: Traître !
(Furieux, il jette le fer à cheval dans le couloir. Il en vient un bruit d'impact fer à cheval-crâne et un cri douloureux de Tarzan. Précipitamment, Le Gros referme la porte, revient au lit et se couvre jusqu'au nez.
Pause. Encore plus de pause.

El Gordo toma el teléfono. Va a marcar. Deja el teléfono. Arregla su aspecto. Toma el teléfono. Va a marcar. Deja el teléfono. Arregla la cama. Toma el teléfono. Va a marcar. Deja el teléfono. Arregla la habitación. Toma el teléfono. Va a marcar. Deja el teléfono. Perfuma la habitación. Toma el teléfono. Va a marcar. Deja el teléfono. Perfuma la cama. Toma el teléfono. Va a marcar. Deja el teléfono. Se perfuma. Toma el teléfono. Va a marcar. Deja el teléfono. Toma el teléfono. Marca.)

GORDO: ¿Recepción? Póngame con el nuevo botones. El nuevo, el nuevecito. *(Pausa. Su voz se vuelve dulce.)* ¿Es usted el nuevo botones? ¿Me permites que te tutee? Tú también puedes tutearme. Verás, tengo un problema. Dos problemas. O más, cantidad de problemas. No, no se trata de toallas. No se puede explicar con palabras, tienes que verlo tú mismo. Habitación seis-seis-seis. Date prisa, por favor, los problemas crecen. *(Se irrita.)* ¿Cómo que estás ocupado? ¿Con QUIÉN estás ocup...?

(Se interrumpe al ver que el Flaco vuelve a entrar.)

FLACO: Y una cosa más. Ese gesto que haces. *(Lo hace.)* Ese gesto no es tuyo. Es de Chaplin.

(Se va.)

Le Gros prend le téléphone. Il va composer un numéro. Il repose le téléphone. Il soigne son apparence. Il prend le téléphone. Il va composer un numéro. Il repose le téléphone. Il arrange le lit. Il prend le téléphone. Il va composer un numéro. Il repose le téléphone. Il parfume la chambre. Il prend le téléphone. Il va composer un numéro. Il repose le téléphone. Il parfume le lit. Il prend le téléphone. Il va composer un numéro. Il repose le téléphone. Il se parfume. Il prend le téléphone. Il va composer un numéro. Il repose le téléphone. Il prend le téléphone. Il compose un numéro.)

LE GROS: La réception ? Passez-moi le nouveau groom. Le nouveau, le tout nouveau. *(Pause. Sa voix se fait douce.)* Vous êtes le nouveau groom ? Tu permets que je te tutoie ? Toi aussi, tu peux me tutoyer. Voilà, j'ai un problème. Deux problèmes. Ou plus, des tas de problèmes. Non, il ne s'agit pas de serviettes. Ça ne peut pas s'expliquer avec des mots, il faut que tu vois ça par toi-même. C'est la chambre six-six-six. Presse-toi, s'il te plaît, les problèmes augmentent. *(Il s'énerve.)* Comment ça, tu es occupé ? Avec QUI tu es occup... ?

(Il s'interrompt en voyant que Le Petit rentre de nouveau.)

LE PETIT: Encore une chose. Ce geste que tu fais. *(Il le fait.)* Ce geste n'est pas à toi. Il est à Chaplin.

(Il s'en va.)

EL GRITO DE LOS ESPEJOS

Tragicomedia

en dos risas y un tormento

LE CRI DES MIROIRS

Tragicomédie

en deux éclats de rire et un tourment

Notas para un director

Como en la *Commedia dell' Arte*, los actores, guiados por el director, serán los verdaderos autores de estos personajes. Ésa es la esencia de la representación.

La autoridad del autor no puede ir más allá de su texto.

El Hombre (el director, los actores y todos los técnicos que participan en la creación) debe ser la medida real del texto cuya dimensión se percibe y se pierde con cada representación.

Sin embargo, este texto, esa mezcla de órdenes, sugerencias e invitaciones, tratan de crear un sentido global, un universo.

Si bien podría representarse sin decorado alguno, en una plaza o en un parque y hasta en una esquina, la alternancia y el respeto del equilibrio entre diálogos, coreografías y músicas me parecen imprescindibles.

Notes pour un metteur en scène

Comme c'est le cas dans la *Commedia dell'arte*, les acteurs, guidés par le metteur en scène, seront les véritables auteurs de ces personnages. Voilà l'essence de la représentation.

L'autorité que l'auteur peut exercer ne peut aller au-delà de son texte.

C'est l'Homme (le metteur en scène, les acteurs et tous les techniciens qui participent à la création) qui doit donner la mesure réelle du texte, dont la dimension est perçue et perdue à chaque représentation.

Néanmoins, ce texte, ce mélange d'ordres, de suggestions et d'invitations essaient de créer un sens global, un univers.

Bien qu'on puisse le mettre en scène sans aucun décor et le jouer sur une place, dans un parc et même dans la rue, l'alternance et le respect de l'équilibre entre dialogues, chorégraphies et musiques me semblent indispensables.

Nel mezzo del cammin di nostra vita
Mi ritrovai per una selva oscura
Ché la diritta via era smarrita…

(Dante, *La Divina Commedia, L'Inferno, canto I*)

Personajes	Personajes mudos
Autor	Charlot
Huesuda	Mafalda
Pierrot	Flash Gordon
Arlequín	Sandokán
Colombina	El Cid
Pedro	Hamlet
Segadoras	Ulises y Argos
Mujeres	El hombre del saco
Dos viejos	Gargantúa
Una vieja	Tarzán
Tartaloco	Pantagruel
Dottore	Emma Bovary
Portera	Mandrake
Voces de vecinos y vecinas	Rosadito Verdoso
	Buster Keaton
	El Llanero Solitario
	Remedios la bella
	Los Cronopios
	Las Famas
	El Slynx
	Cyrano de Bergerac
	Toshiro Mifune
	Cenicienta
	El Hombre Araña
	Charles Bronson

Nel mezzo del cammin di nostra vita
Mi ritrovai per una selva oscura
Ché la diritta via era smarrita...

(Dante, *La Divina Commedia*, *L'Inferno*, *canto I*)

Personnages

Auteur
Mort
Pierrot
Arlequin
Colombine
Pierre
Faucheuses
Femmes
Deux vieillards
Une vieille femme
Bèguefou
Dottore
Concierge
Voix de voisins et de voisines

Personnages muets

Charlot
Mafalda
Flash Gordon
Barberousse
Le Cid
Hamlet
Ulysse et Argos
Le Grand Méchant Loup
Gargantua
Tarzan
Pantagruel
Emma Bovary
Lucky Luke
Buster Keaton
Remedios la belle
Les Cronopes
Les Fameux
Le Slynx
Cyrano de Bergerac
Toshiro Mifune
Cendrillon
L'Homme-Araignée
Charles Bronson

APERTURA

Cuando las puertas del teatro se abren para que entre el público, suena una cajita de música y se oye en off *esta canción.*

A un viejo hospital de los muñecos,
Llegó un pobre Pinocho malherido,
Un cruel espantapájaros bandido,
Lo sorprendió, durmiendo y lo atacó.

Le dejó la nariz hecha pedazos,
Una pierna en tres partes astillada,
Una lesión interna y delicada,
Que el médico de guardia no atendió.

A un viejo hospital de los muñecos,
Llegó un pobre Pinocho malherido,
Un cruel espantapájaros bandido,
Lo sorprendió, durmiendo y lo atacó.

A un viejo cirujano llamaron con urgencia,
Y con su vieja ciencia pronto lo remendó.
Mas, les dijo a los muñecos que estaban internados:
« Todo será en vano le falta el corazón. »
« Todo será en vano le falta el corazón… »

OUVERTURE

Dès que les portes du théâtre s'ouvrent pour laisser entrer le public, on entend cette chanson en fond sonore :

C'est la triste histoire de Pinocchio,
Bringuebalé en taxi-brouette,
Vers l'hôpital des marionnettes.

Un boutefeu un peu follet
L'avait surpris tout endormi.
Un boutefeu, fieffé filou,
L'avait surpris, frappé, mordu !

Les bras en croix, mal fagoté,
Les chevilles rognées, les fils coupés,
Les vis rongées, le nez camus,
Les veines en bois tout vermoulu.

Un boutefeu un peu follet
l'avait surpris tout endormi,
un boutefeu, fieffé filou,
L'avait surpris, frappé, mordu !

À l'hôpital des marionnettes
On analyse ses bobos.
« Fracture du cœur, c'est le tombeau ! »
Il ne vaut plus qu'des clopinettes.

Un boutefeu un peu follet
l'avait surpris tout endormi,
un boutefeu, fieffé filou,
L'avait surpris, frappé, mordu !

Un chirurgien hurluberlu,
Père Gepetto à ses heures perdues,
Le soulève comme une brindille
Et dit aux pantins, toute sa famille :
« Désolé les gars, Pinocchio n'est plus ».
« Désolé les gars, Pinocchio n'est plus ».

PRÓLOGO

El telón todavía no se ha abierto. Nadie ha dado los tres clásicos golpes. A estas alturas los personajes flotan aún entre la página escrita y los cuerpos de los actores. Pero de repente aparece un hombre vestido de calle en el proscenio. Bonachón, cincuentón, haciendo el papelón: ¡es el autor! Está tenso, y a medida que lee un prólogo que al parecer no es del todo el que había escrito, suda, sufre y fofea.

AUTOR: Estimado... estimable público... (*Carraspea, hace señas al luminotécnico: una luz un poco turbia lo ilumina de mala gana.*) Muchas gracias... Famas y camarotes... camas y damascenos... ¿Camas? ¡Damas! Damas y caballeros... (*Sonríe, se seca el sudor, se limpia las gafas y retoma la lectura.*) Como decía nuestro ahijado el posteta... como decía nuestro abrigo el potaje... nuestro navío probeta... nuestro altivo profeta... nuestro amigo el poeta ¡Como decía nuestro amigo el poeta! Nuestro amigo el poeta... nuestro amigo el poeta... he, he... (*Dándose una palmadita en el pecho.*) Vuestro amigo el poeta... Quiero que haya un silencio tan profundo que oigamos el mamar de los mamelones... el gluglú de los galantones... el gluglú de los manantiales... que oigamos el gluglú de los manantiales... y si una mina se asoma apartando los jubones en la silla... ¿Quééé? Si una suerte se aparta asomando... no, no, no... y si una muerte se asoma apartando... ya me decía yo... apartando los juncos de la orilla que también la oigamos... ¡No! Esto es ría en pie... ¡Zasí! ¿Ría en pie... zasí? (*Esmerándose, tratando de darle sentido a lo que lee.*) Nuez, tras esto ría... así. Nu, estraíz, toría. ¡Empié! Así. ¿Nu ez eto' raíz o toría? Heeeeee, piezasís... Nu, esto qué... nuesssssstro... aaaaa... emmmm... ppppp... yééé... yééé... yéééé... aaaa... ¡sí!... nuestra... ¡¡¡¡Nuestra historia!!!!! Nuestra historia... ¡¡¡Empieza así!!!!... Claro: nuestra historia, la que les vamos a contar aquí... Nuestra historia empieza así: érase una vez un tontito bueno al que maltrataban todos los... pero me caggg... chis... un momentito por favor. (*Aparta el telón y sale. Dentro se oyen risitas y luego susurros estridentes como puñetazos. Tiros, gritos, cacerolazos y cohetes. Vuelve sonriente y aliviado.*) Disculparán ustedes, los técnicos son como niños que hay que encarrilar de vez en cuando... (*Retoma la lectura.*) Nuestra historia empieza así: érase una vez, hace muchísimo tiempo y pocas horas, un mundo de fantasía donde coexistían todos los tiempos y todos los personajes, un mundo de fantasía donde el cielo puede caerse a pedazos en cualquier momento, un mundo donde la vida y la muerte son los dos lados de

PROLOGUE

Le rideau ne s'est pas encore levé. Personne n'a frappé les traditionnels trois coups. Pour l'instant, les personnages flottent encore à mi chemin entre ces pages et le corps des acteurs. Mais soudain voilà qu'apparaît sur le devant de la scène un homme portant des vêtements ordinaires. Bonasse, filasse, pataugeant dans la mélasse : c'est l'Auteur ! Il est tendu, et à mesure qu'il lit un prologue qui ne semble pas du tout être celui qu'il avait écrit, il souffre, il sue et se flaquelle.

AUTEUR : Cher... aimable public... (*Il toussote et fait des signes à l'éclairagiste : une lumière un peu trouble l'éclaire à contrecœur.*) Merci beaucoup... Mes drames emmêlés... Démêle-moi les pieds... Mes drames ? Mesdames ! Mesdames et messieurs... (*Il sourit, s'essuie le front, nettoie ses lunettes et reprend la lecture.*) Comme disait notre aride potage... comme disait notre pâlotte trop sage... notre escalope à roulette... notre aimable prophète... notre ami le poète... Comme disait notre ami le poète ! Notre ami le poète... notre ami le poète... hé, hé... *(Fier de lui.)* Votre ami le poète... Je veux que le silence soit si profond qu'on puisse entendre le froufrou des dentelles... le glouglou des mamelles... pardon... le glouglou des fontaines... qu'on puisse entendre le glouglou des fontaines... et si les rides s'attaquent à nos visages... Quooiii ? Et si la barque dérive sur nos corsages... non, non, non... et si la mort débarque ... je me disais aussi... et si la mort débarque sur nos rivages qu'on puisse l'entendre aussi... Non !... au tri. Euh... re... comme un si ! Non au tri !? *(Il s'applique et essaie de donner un sens à ce qu'il lit.)* Non au tri... iste... comme... ains... hiii... Non... non... non au tri... Histoaaa... re... histoire ! Non au tri de l'histoire... non autre histoire... Notre ! Notre histoire ! ! ! Comme... ain... ain... ain... siii ! ! ! Ainsi... Notre histoire commence ainsi ! ! ! Mais bien sûr : notre histoire, celle que nous allons vous raconter... Notre histoire commence ainsi : il était une fois, dans la ville de Foix, un marchand de... Mais put... rée... de mer... credi ! Un instant s'il vous plaît. *(Il écarte le rideau et disparaît. En coulisses, on entend de petits rires puis des murmures stridents comme des coups de poing. Coups de casseroles, coups de feu, cris, pétards. Il réapparaît souriant et soulagé.)* Je vous prie de nous excuser, les techniciens sont comme des enfants qu'il faut parfois remettre sur le droit chemin... *(Il reprend sa lecture.)* Notre histoire commence ainsi : il était une fois, il y a de cela très longtemps et quelques heures à peine, un monde fantastique où coexistaient tous les temps et tous les personnages, un monde fantastique où le ciel peut se casser en mille morceaux à n'importe quel moment,

una moneda que una mano improbable tira a cara o cruz. (*Hace el signo de la cruz.*) Sí, érase una vez un hombre, una mujer... un amigo moribundo, un doctor botellero, una muerte socarrona, unos cuantos comediantes y muchos otros personajes que de tanto entrar y salir me hacen perder la cuenta... para empezar no está mal, ¿no?... me encantan las historias que empiezan así: érase una vez... érase una vez... es como si de repente pulsáramos un botón y pfffiuuuu... toda una maquinaria compleja y subterránea da marcha atrás... todo vuelve a ser verdad... nuestra vulnerable capacidad de asombro está de nuevo intacta y nos dejamos deslizar de nuevo por el tobogán de la ficción... todos los peligros son reales y en cada rincón nos acecha un ogro o una bruja… y un recuerdo de cuchillos afilados por la luna cabalga sobre nuestra piel... todo vuelve a ser cierto... todo vuelve a ser cierto... elfos, gigantes y enanos, cíclopes, centauros y tritones nos asaltan la mirada... y desde cada rincón nos acecha el rostro de una muerte de comedia...

Por uno de los laterales, apartando el telón, ha aparecido la máscara de una Huesuda de comedia con gorro de bufón y sonrisa nicholsoniana. La descarada descarnada lo ha estado observando, socarrona.

HUESUDA: ¿Cuándo coño empiezas tu historia?
AUTOR: Pero si recién...
HUESUDA: No vamos a esperarte toda la vida.
AUTOR: ¡Cómo te atreves mequetrefe!
HUESUDA: Resume el prólogo o lárgate ya.
AUTOR: ¡Piltrafa de papel! ¡Vuelve a tu sitio o te borro ahora mismo de mi Dramatis Personae!
HUESUDA: Ya nada puedes contra nosotros. ¿No ves que aburres a la gente con tu cagadera verbal?
AUTOR: ¿Qué dices, Huesuda? Estaban encantados... la señora de la tercera fila estaba a punto de soltar el lagrimón.
HUESUDA: ¿Cuál? ¿La gorda que está allí? (*Risa mandibular patodonaldesca.*)
AUTOR: No, espantapiojos, la de gafas.
HUESUDA: Bueno ya está bien merlín de supermercado, rájate o te desaparezco.
AUTOR: ¡Cállate o te calcino cacareante!
HUESUDA: Acaba ya o te fallezco, borratintas.
AUTOR: Vete o te deshueso, segadora.
HUESUDA: ¡Escriplagio!
AUTOR: ¡Muertolera!

un monde où la vie et la mort sont les deux faces d'une pièce qu'une main improbable joue à pile ou casse. *(Il fait le signe de la croix.)* Oui, il était une fois un homme, une femme… un ami moribond, un docteur picoleur et une mort goguenarde, quelques comédiens et bien d'autres personnages qui à force d'aller et venir me font perdre le fil… c'est pas mal pour un début, non ?… j'adore les histoires qui commencent comme ça… il était une fois… il était une fois… c'est comme si, soudain, on appuyait sur un bouton et pfffiouuu… toute une machinerie complexe et souterraine fait marche arrière… tout redevient possible… tout est pour de vrai… notre vulnérable capacité d'étonnement est de nouveau intacte et nous nous laissons de nouveau glisser sur le toboggan de la fiction… tous les dangers sont réels et dans chaque recoin il y a un ogre ou une sorcière qui nous épie… et un souvenir de couteaux aiguisés par la lune cavale sur notre peau… tout est pour de vrai… tout est pour de vrai… elfes, géants et nains, cyclopes, centaures et tritons… notre regard est pris d'assaut… et dans chaque recoin nous guette le masque d'une mort de comédie…

Sur l'un des côtés, écartant le rideau, est apparue le masque d'une Mort de comédie. Bonnet de bouffon et sourire nicholsonien. La cynique squelettique l'observe depuis un moment, goguenarde.

MORT : Tu la finis quand ton histoire ?
AUTEUR : Mais je viens juste de…
MORT : On va pas t'attendre toute notre vie.
AUTEUR : Comment oses-tu malotrue ?
MORT : Résume ton prologue ou déguerpis, ahuri.
AUTEUR : Barbaque de plumitif ! Retourne d'où tu viens ou je t'efface illico de mes Dramatis Personae !
MORT : Tu ne peux plus rien contre nous. Tu vois pas que tu emmerdes le monde avec ta logorrhée ?
AUTEUR : Qu'est-ce que tu racontes, sac d'os ? Ils étaient ravis… la dame du troisième rang avait la larme à l'œil.
MORT : Laquelle ? La grosse là-bas ? *(Rire mandibulaire façon Donald Duck.)*
AUTEUR : Mais non, épouvantail à poux, celle à lunettes.
MORT : Bon ça suffit merlin de supérette, tire-toi ou je te volatilise.
AUTEUR : Ferme-la ou je te calcine, caquetante !
MORT : Arrête-toi ou je te trépasse, chieur d'encre.
AUTEUR : Casse-toi ou je te décarcasse, faucheuse.
MORT : Escribouilleur !
AUTEUR : Mortifère !

HUESUDA: ¡Poetastro!
AUTOR: ¡Descarnada!
HUESUDA: No sigas que me matas, pero de risa.
AUTOR: Señoras y señores... estimado... estimable... púb...
HUESUDA: ¡Ya estoy hasta la coronilla! Tendrías que haber desaparecido hace ya media hora. (*En un tristrás de sus metacarpos la Huesuda lo hace desaparecer.)* Ça suffit le bouffi! ¡Tanto joder la marrana! Y ahora señoras y señores... querido público, amigos y deudores míos...
(*Se da una relamida con su lengua de doble filo.)* ... ahora que nuestro llorado autor... *(La tragicómica alterna lágrimas y desmandibuladoras risas. Todo es puro teatro y todo es verdad.)* ... ahora que nuestro llorado autor se ha marchado para siempre, tendré que contarles yo misma la horrenda y jocosa historia que aconteció o está por acontecer... qué importa, si los vivos de hoy son los muertos de siempre... y hasta los cojos estiran la pata... ji, ja, jo... qué bueno: hasta los cojos estiran la pata... jo, ji, ja... ji, ja, jo... la historia que ocurrió o está por ocurrir en esta triste y bella ciudad... *(En un repentino y cacareante arranque de cólera.)* ... ¡Silencio! ¡Silencio! ¡Silencio! (*El telón se va abriendo mientras la Huesuda da los tres golpes. Un bombo de pampa seca va insinuando su lúgubre latir.)* Fair is foul and foul is foul! La luz es cenicienta como un recuerdo. La ciudad es un punto tembloroso en la noche. Un viento ciego manotea las ventanas y los techos buscando el filo de los cuchillos. Un viento ciego se escurre por debajo de las puertas. Un viento ciego susurra en los rincones esperando su hora. En las plazas no hay un alma pero yo estoy en todas partes preparando mis victorias. Un río de cuerpos irá formando una pirámide de sangre y el grito de los espejos dejará en el silencio un olor a miedo y a tristeza. (*La Huesuda se va alejando hasta desaparecer del escenario.)* Todo ha sido o será antes o fuera de tiempo y no hay ninguna revelación, sino lágrimas y gritos a tientas por la memoria. Será necesario cultivar silencios para cosechar más victorias... más victorias... más victorias...

El telón se ha abierto: sobre una nube de luz cenicienta flota una tarima. Ésta ocupa las tres cuartas partes del escenario. En su centro un mástil estira su altura hacia un rayo de luna.

MORT : Poétastre !
AUTEUR : Macchabée !
MORT : Arrête ! Je suis morte… de rire.
AUTEUR : Mesdames et messieurs… cher… aimable… pub…
MORT : J'en ai par-dessus la tête ! Ça fait déjà une demi-heure que tu aurais dû disparaître. *(D'un claquement de métacarpes, la Mort le fait disparaître.)* Ça suffit le bouffi ! Tanto joder la marrana ! Et maintenant, mesdames et messieurs… cher public, mes chers amis… mes chers obligés… *(Elle se lèche les canines avec sa langue à double tranchant.)* … maintenant que notre regretté auteur… *(La tragicomique alterne larmes et rires à s'en décrocher la mâchoire. Tout n'est que pur théâtre et tout est pour de vrai.)* … maintenant que notre regretté auteur s'en est allé pour toujours, je vais devoir vous raconter moi-même l'histoire horriblement drôle qui a déjà eu lieu ou aura lieu bientôt… quelle différence, puisque les vivants d'aujourd'hui sont les morts de toujours… et même les non-fumeurs cassent leur pipe… ha, ha, ha… trop bon : même les non-fumeurs cassent leur pipe… hi, hi, hi… ha, ha, ha… l'histoire qui a déjà eu lieu ou qui aura lieu bientôt dans cette ville, si belle et si triste … *(Prise d'une soudaine colère. Elle caquette.)* … Silence ! Silence ! Silence ! *(Le rideau s'ouvre peu à peu pendant que la Mort frappe les trois coups. Progressivement, un tambour de pampa sèche insinue ses battements lugubres.)* Fair is foul and foul is foul ! La lumière, de cendre, comme un souvenir. La ville est un point grelottant dans la nuit. Un vent aveugle passe ses mains sur les fenêtres et les toits à la recherche de la lame des couteaux. Un vent aveugle se glisse sous les portes. Un vent aveugle susurre dans les recoins en attendant son heure. Pas une âme sur les places, mais moi je suis partout. Je prépare mes victoires. Lentement, un fleuve de corps lèvera une pyramide de sang et le cri des miroirs laissera dans le silence une odeur de peur et de tristesse. *(La Mort s'éloigne peu à peu jusqu'à disparaître de la scène.)* Tout s'est déroulé ou se déroulera avant ou à contretemps et il n'y a aucune révélation, juste des larmes et des cris tâtonnant dans la mémoire. Il faudra cultiver des silences pour cueillir d'autres victoires… d'autres victoires… d'autres victoires…

Le rideau s'est ouvert : sur un nuage de lumière de cendre flotte un tréteau. Il occupe les trois-quarts de la scène. En son centre, un mât s'étire de toute sa hauteur vers un rayon de lune.

CUADRO I

Cabalgando un filo de luna, Pierrot viaja por los andamios del viento. Personaje doble, figura de dos caras, cuerpo entre un aquí y un más allá. Su silueta funámbula, luz y sombra, aparece y se desvanece como un sueño de madrugada. El latir del bombo se vuelve cálido y pausado.

PIERROT: Una sombra de espejos
Está empañando el día.
Late bombo, corazón sombrío.
Despliega tu respiración aunque sea
Para contar una historia de hojas pisadas
Como un otoño que nos salpica
De espinas la frente.
Dinos lo que falta, lo que queda,
Lo que devora a dentelladas el vacío.
Late bombo, corazón sombrío.
Te invoco porque el silencio
Es un desierto sin labios,
Es un desierto de huesos.
Vivamos en sueño o en ficción
Todo lo que devoró la explosión.
Late bombo, corazón sombrío.
Regrésanos al principio,
¡Late!

A lo lejos se empieza a oír la alegre canción de Arlequín: « Nel mezzo del cammin... ». *Al latir del bombo se juntan un bandoneón y un clarinete: música de alegría que bosteza. Nuestra historia comienza rodando un paso hoy y otro ayer.*

TABLEAU I

Chevauchant le fil de la lune, Pierrot va et vient sur les échafaudages du vent. Personnage double, figure à deux visages, corps qui oscille entre un ici et un ailleurs. Sa silhouette funambule, ombre et lumière, se dévoile et s'évanouit comme un rêve au petit matin. Le battement sourd du tambour est chaleureux, lent et cadencé.

PIERROT : L'ombre des miroirs
Fait sombrer le jour.
Parle tambour, fais battre ton cœur !
Déploie ta respiration, raconte-nous
Cette rumeur de feuilles piétinées
Qui dévaste nos sourires,
Cette rumeur de feuilles crissantes
Qui dévore nos souvenirs
Et sème ses épines sur nos fronts.
Parle tambour, fais battre ton cœur !
Parle, dis-nous ce que l'oubli efface.
Je t'invoque parce que le silence
Est un désert sans lèvres,
Une langue fossile,
Un désert d'ossements.
Revivons en rêve ou par la fiction
Ce que l'explosion a dévoré.
Reprends l'histoire au commencement.
Parle !

Au loin, on commence à entendre la joyeuse chanson d'Arlequin : « Nel mezzo del cammin… ». *Un bandonéon et une clarinette rejoignent les battements du tambour : musique d'une joie qui bâille. Notre histoire se met en marche, un pied dans le présent, l'autre dans le passé.*

PIERROT:
Una sombra de espejos
Está empañando el día,
La explosión va devorando
Lo que nos queda de vida.
Late bombo, corazón sombrío.
Cuéntanos la agonía
De ese Pedro tan real
Y de sus locas fantasías.
Late bombo, corazón sombrío.

ARLEQUÍN:
Nel mezzo del cammin di nostra vita
Mi ritrovai per una selva oscura
Ché la diritta via era smarrita
Ahi quanto a dir qual era è cosa dura
esta selva selveggia e aspra e forte...

Con las últimas palabras de Pierrot cae una tiniebla de tinta. Explota el grito de los espejos: es un vuelo de vidrios retumbando en el pecho.
Silencio.
Vuelve la música. Se vuelve a oír la canción de Arlequín, tan alegre como antes. En la tarima iluminada débilmente está Pedro luchando con la muerte. Su imagen, su cuerpo, su cara, sus gestos, gritan o recuerdan algo que se acerca. Foto color sepia. La tarima es un barco o una balsa en la tormenta. Una luz rojiza de cobres y fogones hace temblar su silueta. Arlequín y Colombina subiendo o apareciendo por unas trampillas que siempre se abren y se cierran estrepitosamente.

ARLEQUÍN: (*Con su traje de espejos y losanges de colores. Haciendo malabares y piruetas y cantando su canción de diablo de comedia mientras dura la música.*) Nel mezzo del cammin di nostra vita mi ritrovai per una selva oscura... (*Señalando el cuerpo de Pedro.)* ¡Un bulto! ¡Cuidado! ¡Cuidado Colombina!
PEDRO: (*Siempre luchando con una muerte invisible)* ¡Atrás! ¡Atrás! (*Colombina lo pisa.)* ¡Ayyyy!
COLOMBINA: ¡Uy!
ARLEQUÍN: (*Asustado.*) ¡Ay, ay, ay!
LOS TRES: ¡Ay! ¡Uy! ¡Ay, ay, ay!
COLOMBINA: ¡He pisado...!
ARLEQUÍN: ¿¡Qué!?
COLOMBINA: ¿¡...Algo!?
ARLEQUÍN: ¡Mamma mia!

PIERROT :
L'ombre des miroirs
Fait sombrer le jour.
L'explosion ronge, inlassable,
Le fil ténu de notre vie.
Parle tambour, fais battre ton cœur !
Raconte-nous l'agonie
De ce Pierre si réel
Et de ses folles chimères.
Parle tambour, fais battre ton cœur !

ARLEQUIN :
Nel mezzo del cammin di nostra vita
Mi ritrovai per una selva oscura,
Ché la diritta via era smarrita.
Ahi quanto a dir qual era è cosa dura
esta selva selvaggia e aspra e forte…

La nuit plonge les derniers mots de Pierrot dans des ténèbres d'encre. Explosion, c'est le cri des miroirs : vol d'éclats de verre résonnant dans la poitrine.
Silence.
La musique reprend. On entend de nouveau la chanson d'Arlequin, aussi joyeuse qu'auparavant. Sur le tréteau faiblement illuminé, Pierre lutte contre la mort. Sa silhouette, son corps, son visage, ses gestes, crient ou se souviennent de quelque chose qui s'approche. Photo couleur sépia. Le tréteau est un bateau ou un radeau dans la tempête. Une lumière rougeoyante de cuivres et de bûchers fait vaciller ses contours. Arlequin et Colombine montant ou apparaissant par des trappes qui s'ouvrent et se ferment toujours avec fracas.

ARLEQUIN : *(Avec son costume de miroirs et de losanges de couleurs. Il jongle, fait des pirouettes et chante sa chanson de diable de comédie pendant toute la durée de la musique.)* Nel mezzo del cammin di nostra vita mi ritrovai per una selva oscura… *(Montrant le corps de Pierre.)* Colombine ! Attention ! Il y a quelque chose ! Attention !
PIERRE : *(Qui continue à lutter contre une mort invisible.)* Allez-vous en ! Allez-vous en ! *(Colombine lui marche dessus.)* Aaaïïïïe !
COLOMBINE : Ahhhhh !
ARLEQUIN : *(Effrayé.)* Aïe, aïe, aïe !
LES TROIS : Aaaïïïïe ! Ahhhhh ! Aïe, aïe, aïe !
COLOMBINE : J'ai marché sur… !
ARLEQUIN : Sur quoi ? !
COLOMBINE : Sur… quelque chose ! ?
ARLEQUIN : Mamma mia !

PEDRO: Soy yo...
ARLEQUÍN: Parece... (*Enciende una cerilla.*) ¡Pedro! ¿Qué haces aquí? ¡Otra vez borracho hééé!
COLOMBINA: (*Enciende también una cerilla*) ¿Pedro? ¿Pedro? ¿Eres tú?
ARLEQUÍN: ¡Quién festeja no se queja!
PEDRO: No estoy borracho... (*Hace esfuerzos para sentarse y hablar.*)
COLOMBINA: Pedro... ¿Qué ha pasado? ¿Qué pasa?
ARLEQUÍN: Sí, tú no estás borracho y yo soy Mickey Mouse...
PEDRO: ... Estoy herido...
COLOMBINA: Está que no puede más...
PEDRO: ¿No oyeron nada?
ARLEQUÍN: Nos podrías haber invitado por lo menos...
COLOMBINA: ¿Oír?
ARLEQUÍN: Con lo que me gustan las fiestas...
COLOMBINA: ¿Qué había que oír?
PEDRO: ... No... no fue una fiesta...
ARLEQUÍN: ¿Cuántas botellas te llevaste por delante?
COLOMBINA: ¿Qué pasó Pedro? ¿Qué pasa?
PEDRO: ... la explosión.... el fuego... escombros y cuerpos…
ARLEQUÍN: Está delirando...
PEDRO: ... las ambulancias...
COLOMBINA: ¿De qué explosión...?
ARLEQUÍN: ¡Vaya pedo que tienes!
COLOMBINA: ¿...estás hablando?
PEDRO: ... los gritos...
COLOMBINA: ¡Pedro, respóndeme!
ARLEQUÍN: (*Se pone a bailar alrededor de ellos.*) Nel mezzo del cammin di nostra vita...
COLOMBINA: Enciende la luz Arlequín.
ARLEQUÍN: Mi ritrovai per una selva oscura... que la diritta via...
PEDRO: ... un infierno... un infierno de escombros y de fuego...
COLOMBINA: ¡Pedro...!
ARLEQUÍN: ¡No ves que está borracho!
COLOMBINA: No, no lo veo... ¡Enciende la luz te digo!
PEDRO: ... los pájaros ciegos al mediodía... gritos como espejos rotos...
COLOMBINA: Ya pasó... ya pasó...

PIERRE : C'est moi…
ARLEQUIN : On dirait… *(Il allume une allumette.)* Pierre ! Qu'est-ce que tu fais là ? Tu t'es encore pris une cuite, hein !
COLOMBINE : *(Elle allume, elle aussi, une allumette.)* Pierre ? Pierre ? C'est toi ?
ARLEQUIN : Qui festoie ne se plaint pas !
PIERRE : Je ne suis pas soûl… *(Il s'efforce de s'asseoir et de parler.)*
COLOMBINE : Pierre… Qu'est-ce qui s'est passé ? Qu'est-ce qui se passe ?
ARLEQUIN : C'est ça oui, toi t'es pas soûl et moi je suis Mickey Mouse…
PIERRE : … Je suis blessé…
COLOMBINE : Il est mal en point…
PIERRE : Vous n'avez rien entendu ?
ARLEQUIN : Tu aurais pu nous inviter au moins…
COLOMBINE : Entendre quoi ?
ARLEQUIN : Moi qui adore les fêtes…
COLOMBINE : Qu'est-ce qu'on aurait dû entendre ?
PIERRE : Non… C'était pas une fête…
ARLEQUIN : Qu'est-ce que t'as dû t'enfiler…
COLOMBINE : Qu'est-ce qui s'est passé, Pierre ? Qu'est-ce qui se passe ?
PIERRE : … l'explosion… le feu… des décombres et des corps…
ARLEQUIN : Il délire…
PIERRE : … les ambulances…
COLOMBINE : De quelle explosion… ?
ARLEQUIN : T'en tiens une bonne !
COLOMBINE : … tu parles ?
PIERRE : … les cris…
COLOMBINE : Pierre, réponds-moi !
ARLEQUIN : *(Se mettant à danser autour d'eux.)* Nel mezzo del cammin di nostra vita…
COLOMBINE : Allume la lumière, Arlequin.
ARLEQUIN : Mi ritrovai per une selva oscura… que la diritta via…
PIERRE : … un enfer… un enfer de décombres et de feu…
COLOMBINE : Pierre… !
ARLEQUIN : Tu vois pas qu'il est soûl !
COLOMBINE : Non, je ne vois pas… Je te dis d'allumer la lumière !
PIERRE : … les oiseaux aveugles dans le ciel de midi… des cris comme des miroirs brisés…
COLOMBINE : Ça y est, c'est passé… c'est passé…

PEDRO: ... No... está pasando... ahora...
PIERROT: (*Su voz en un hilo de luz helado.*) Está pasando... Está pasando... (*Seguirá murmurando las mismas palabras hasta que se congele la escena.)*
COLOMBINA: ¡Arlequín, la luz!
ARLEQUÍN: Va benne... va benne... Está bien... no te enfades...

Arlequín va hacia la proa para encender la luz. Un viento de gemidos distorsionados y metálicos hace estremecerse el aire. Se congela el murmullo de Pierrot, se congela el grito silencioso de Pedro, se congela la sonrisa de Colombina y el gesto acróbata de Arlequín. Una luz violenta rodea la tarima. Aparecen por ambos laterales cuatro o más Segadoras. Barco sitiado en alta mar. Coreografía de ecos y de sombras ritmada por los gemidos. Duración de la agonía. Luego con tono grotesco, lancinante y amenazador van diciendo las réplicas en canon o al mismo tiempo. Sus voces tienen el gusto frío de las piedras. A los gemidos en off *se va sumiendo una respiración acompasadamente entrecortada y lancinante.*

SEGADORAS: Somos las espinas de tu frente...
El sin color de tu muerte...
Todo está pasando
Muere
No importan los nombres...
Los rostros...
Los ojos...
Muere
No importan...
Borrar...
Borrar...
Muere
Hasta el olvido...
Lentamente...
Lentamente...
Muere
La memoria de los hombres...
Somos las espinas de tu frente…
El sin color de tu muerte…
Muere
No importan los nombres...

PIERRE : … Non… c'est en train de se passer… maintenant…
PIERROT : *(Sa voix, un fil de lumière gelé.)* C'est en train de se passer… Maintenant… *(Il continuera à murmurer les mêmes mots jusqu'à ce que la scène se congèle.)*
COLOMBINE : Arlequin, la lumière !
ARLEQUIN : Va benne… va benne… C'est bon… te fâche pas…

Arlequin se dirige vers la proue pour allumer la lumière. Un vent de gémissements distorsionnés et métalliques fait trembler l'air. Le murmure de Pierrot se congèle. Se congèlent le cri silencieux de Pierre, le sourire de Colombine et le geste acrobate d'Arlequin. Une violente lumière encercle le tréteau. Quatre Faucheuses, ou cinq, ou six (… ou plus), apparaissent par les deux côtés de la scène. Navire assiégé en haute mer. Chorégraphie d'échos et d'ombres rythmée par les gémissements. Durée de l'agonie. Ensuite, d'un ton grotesque, lancinant et menaçant, elles prononcent les répliques en canon ou en même temps. Leurs voix ont le goût froid des pierres. Aux gémissements en off, *vient s'ajouter la cadence d'une respiration entrecoupée et lancinante.*

FAUCHEUSES : Nous sommes les épines de ton front…
Ta mort en noir et sang…
Tout se passe, maintenant
Meurs
Peu importe les noms…
Les visages…
Les regards…
Meurs
Peu importe…
Effacer…
Effacer…
Meurs
Jusqu'à l'oubli…
Lentement…
Lentement…
Meurs
La mémoire des hommes…
Nous sommes les épines de ton front…
Ta mort en noir et sang…
Meurs…
Peu importe les noms…

Todos estamos del mismo lado...
Y no hay flores...
Muere
Y no hay árboles ni soles...
No hay nada...
Nada más que el futuro...
Muere
Esperando
Algo que no son...
Algo que nunca serán...
Muere
Espejismos
Algo que no son
Ilusiones
Muere
Algo que no son
Sueños
Como islas
Muere
En un mar de cuerpos
Somos las espinas de tu frente
El sin color de tu muerte
Muere
Tantos nombres...
Tantos rostros...
Tantos hombres...
Muere
Como un viaje inútil...
Sin retorno...
No importan...
Muere
No importan
No importan
Borrar...
Muere
Borrar...
Borrar...
Hasta el olvido...
Muere

Nous sommes tous du même côté…
Et il n'y a pas de fleurs…
Meurs
Et il n'y a pas d'arbres ni de soleils…
Il n'y a rien…
Rien d'autre que le futur…
Meurs
Dans l'espérance
De quelque chose qu'ils ne sont pas…
De quelque chose qu'ils ne seront jamais…
Meurs
Mirages
Ce qu'ils ne sont pas
Illusions
Meurs
Ce qu'ils ne sont pas
Des rêves
Comme des îles
Meurs
Dans un océan de corps
Nous sommes les épines de ton front
Ta mort en noir et sang
Meurs
Tant de noms…
Tant de visages…
Tant d'hommes…
Meurs
Comme un voyage inutile…
Sans retour
Peu importe…
Meurs
Peu importe
Peu importe
Effacer…
Meurs
Effacer
Effacer
Jusqu'à l'oubli…
Meurs

Somos las espinas de tu frente
El sin color de tu muerte
No importan
Muere
Los nombres...
Los rostros...
Los hombres...
Muere
No importan...
Prescindibles partículas...
Girando...
Muere
Girando...
Un instante...
Antes de volver...
Muere
A la nada...
Al vacío...
Al olvido...
Muere…

Aparecen cuatro o más Mujeres vestidas de negro y con el cabello recogido debajo de pañuelos azules o blancos. Al verlas, las Segadoras se van transformando en bultos informes que reptan, saltan y quedan suspendidas como trapos en el aire. Todos los sonidos en off *se mezclan, suben de volumen y desaparecen. Las Mujeres las rodean en una lucha coreográfica y polifónica.*

MUJERES: Hubo gritos...
Casas arrodilladas...
En el polvo...
¡Vuelve!
Tormenta de motores...
Y de humo...
Tropezando en el vacío...
¡Vuelve!
Hubo gritos...
Como pájaros...
Decapitados en los espejos...
¡Vuelve!

Nous sommes les épines de ton front
Ta mort en noir et sang
Peu importe
Meurs
Les noms…
Les visages…
Les hommes…
Meurs
Peu importe…
Particules superflues…
Tournoyant…
Meurs
Tournoyant…
Un instant…
Avant de retomber…
Meurs
Dans le néant…
Dans le vide…
Dans l'oubli…
Meurs…

Apparaissent quatre Femmes, ou cinq, ou six (… ou plus), habillées de noir, les cheveux ramassés sous des foulards bleus ou blancs. À leur vue, les Faucheuses se métamorphosent, les unes après les autres, en masses informes qui rampent, sautent et restent suspendues comme des chiffons dans l'air. Tous les sons en off *se mélangent, s'intensifient et s'éteignent. Les Femmes les encerclent dans une lutte-danse polyphonique.*

FEMMES : Ce furent des cris…
Maisons agenouillées
Dans la poussière…
Reviens !
Tourmente de moteurs…
Et de fumée…
Trébuchant dans le néant…
Reviens !
Ce furent des cris…
Comme des oiseaux…
Décapités dans les miroirs…
Reviens !

Hubo gritos...
Y manos y brazos a la deriva...
Por los bosques de cristales rotos...
¡Vuelve!
Y nuestra carne...
Una granada rendida...
Sobre el asfalto...
¡Vuelve!
Hubo gritos...
Y en el pecho el tambor de la rabia...
Descuajándose...
¡Vuelve!
En una danza...
De mil voces...
Hubo gritos...
¡Vuelve!
Y gestos de último minuto...
Despedidas silenciosas e inconclusas...
Disueltas en el olvido...
¡Vuelve!
Hubo gritos...
Mientras se deshilvanaba…
La geografía del paisaje...
¡Vuelve!
Y de los cuerpos...
Pero estamos aquí...
Para recordarnos...
¡Vuelve!
Y revivirnos...
Y devolvernos...
A lo que podríamos haber sido...
¡Vuelve!
Hubo gritos...
Casas desparramadas...
En el polvo...
¡Vuelve!
Tormenta de motores...
Y de humo...
Tropezando en el vacío...
¡Vuelve!

Ce furent des cris…
Et des mains et des bras à la dérive…
Dans les forêts de cristal brisé…
Reviens !
Et notre chair…
Une grenade exténuée…
Sur l'asphalte…
Reviens !
Ce furent des cris…
Et dans nos poitrines le tambour de la rage…
Qui se déchire…
Reviens !
En une danse…
Aux mille voix…
Ce furent des cris…
Reviens !
Et des gestes de dernière minute…
Des séparations silencieuses et inachevées…
Dissoutes dans l'oubli…
Reviens !
Ce furent des cris…
Tandis que s'effilochait…
La géographie du paysage…
Reviens !
Et des corps…
Mais nous sommes là…
Pour nous souvenir…
Reviens !
Pour nous revivre…
Et nous rendre…
À ce que nous aurions pu être…
Reviens !
Ce furent des cris…
Des maisons éparpillées…
Dans la poussière…
Reviens !
Tourmente de moteurs…
Et de fumée…
Trébuchant dans le néant…
Reviens !

Hubo gritos...
Como pájaros...
Decapitados en los espejos...
¡Vuelve!
Hubo gritos...
Y manos y brazos a la deriva...
Por los bosques de cristales rotos...
¡Vuelve!
Y nuestra carne...
Una granada rendida...
Sobre el asfalto...
¡Vuelve!
Hubo gritos...
Y en el pecho el tambor de la rabia...
Descuajándose...
¡Vuelve!
En una danza...
De mil voces...
Hubo gritos...
¡Vuelve!
Y gestos de último minuto...
Despedidas silenciosas e inconclusas...
Disueltas en el olvido...
¡Vuelve!
Hubo gritos...
Mientras se deshilvanaba…
La geografía del paisaje...
¡Vuelve!
Y de los cuerpos...
Pero estamos aquí...
Para recordarnos...
¡Vuelve!
Y revivirnos...
Y devolvernos...
A lo que podríamos haber sido...
¡Vuelve!

Ce furent des cris…
Comme des oiseaux…
Décapités sur les miroirs…
Reviens !
Ce furent des cris…
Et des mains et des bras à la dérive…
Dans les forêts de cristal brisé…
Reviens !
Et notre chair…
Une grenade exténuée…
Sur l'asphalte…
Reviens !
Ce furent des cris…
Et dans nos poitrines le tambour de la rage…
Qui se déchire…
Reviens !
En une danse…
Aux mille voix…
Ce furent des cris…
Reviens !
Et des gestes de dernière minute…
Des séparations silencieuses et inachevées…
Dissoutes dans l'oubli…
Reviens !
Ce furent des cris…
Tandis que s'effilochait…
La géographie du paysage…
Reviens !
Et des corps…
Mais nous sommes là…
Pour nous souvenir…
Reviens !
Et nous revivre…
Et nous rendre…
À ce que nous aurions pu être…
Reviens !

El círculo se rompe en las últimas réplicas y cada Mujer arranca una Segadora del escenario. Vuelta a la cubierta y a la luz de antes. Durante algunos instantes Pedro, Colombina y Arlequín parecen moverse como en el fondo de un lago. Nuestra historia va rodando un paso ayer y otro mañana.

COLOMBINA: (*Casi en cámara lenta.*) No, no lo veo... Enciende la luz...
PEDRO: Al mediodía... pájaros ciegos...
COLOMBINA: Ya pasó... ya pasó
PEDRO: No, está pasando... está pasando...
COLOMBINA: Arlequín, la luz...
ARLEQUÍN: Va benne... va benne... está bien... no te enfades...

Lentamente los tres van volviendo a la superficie.

ARLEQUÍN: ¡Ay! ¡Uy! Parece que se han roto todas las bombillas... hay vidrio desparramado por todas partes. (*Arlequín enciende velas por toda la tarima. Las trampillas se abren y por ellas aparecen más velas. ¿Quién vendrá, y por dónde?*)
COLOMBINA: Mira Arlequín...
ARLEQUÍN: ¡Ay! ¡Ay!
COLOMBINA: Mira, tiene ojos de fuego y agujas de vidrio por todo el cuerpo.
ARLEQUÍN: ¡Ay! ¡Ay! ¡Ay!
COLOMBINA: ¿Qué te ha pasado Pedro? Pobrecito...
PEDRO: Gritos... casas arrodilladas...
ARLEQUÍN: (*Cambiando de actitud. Celoso.*) ¡Ay! ¡Ay! ¡Ay! ¡Y requeteay!
COLOMBINA: Cálmate, cálmate... Pedro...
ARLEQUÍN: ¡Ay... ay... ay!
COLOMBINA: Pedro… pobrecito… pobrecito…
ARLEQUÍN: ¡Me he quemado... me he quemado el dedo! ¡El dedito de la suerte!
PEDRO: Un grito de espejos... una lluvia de vidrio mordiéndome la espalda...
ARLEQUÍN: (*Se ha atado una cinta roja en el dedo meñique.*) ¡Ay... ay... ay...! Me he cortado... me he cortado el dedito... el dedito de la suerte...
COLOMBINA: Ya basta Arlequín. A ver, muéstrame tu herida... ¿Te has quemado o te has cortado, eh?
PEDRO: (*Siempre luchando contra su propia muerte.*) Y sigue ladrando... aullando y mordiendo mis heridas...

Le cercle se brise avec les dernières répliques et chaque Femme arrache une Faucheuse de la scène. Retour sur le pont. Même lumière qu'auparavant. Pendant quelques instants, Pierre, Colombine et Arlequin semblent se mouvoir comme au fond d'un lac. Notre histoire trace sa route, un pied dans le passé, l'autre dans l'avenir.

COLOMBINE : *(Presque au ralenti.)* Non, je ne vois pas… Allume la lumière !
PIERRE : Dans le ciel de midi… Des oiseaux aveugles…
COLOMBINE : Ça y est, c'est passé… c'est passé…
PIERRE : … Non… Tout se passe… maintenant…
COLOMBINE : Arlequin, la lumière…
ARLEQUIN : Va benne… va benne… C'est bon… te fâche pas…

Lentement, tous trois reviennent à la surface.

ARLEQUIN : Aïïïe ! Ahhh ! On dirait que toutes les ampoules se sont cassées… il y a du verre éparpillé partout. *(Arlequin allume des bougies sur tout le tréteau. Les trappes s'ouvrent et d'autres bougies apparaissent. Qui pourrait bien venir, et de quel côté ?)*
COLOMBINE : Regarde Arlequin…
ARLEQUIN : Oh là là!
COLOMBINE : Regarde, il a le regard en feu et des aiguilles de verre sur tout le corps.
ARLEQUIN : Aïe, aïe, aïe !
COLOMBINE : Qu'est-ce qui t'est arrivé, Pierre ? Mon pauvre petit…
PIERRE : Des cris… des maisons agenouillées…
ARLEQUIN : *(Changeant d'attitude. Jaloux.)* Aïe, aïe, aïe ! J'ai hyper vachement trop mal !
COLOMBINE : Calme-toi, Pierre, calme-toi…
ARLEQUIN : Aïe… aïe… aïe !
COLOMBINE : Pierre… mon petit… mon pauvre petit…
ARLEQUIN : Je me suis brûlé… je me suis brûlé le doigt ! Mon petit doigt porte-bonheur !
PIERRE : Un cri de miroirs… une pluie de verre me mordant le dos…
ARLEQUIN : *(Il s'est attaché un ruban rouge au petit doigt.)* Aïe… aïe… aïe ! Je me suis coupé… je me suis coupé le doigt… mon petit doigt porte-bonheur…
COLOMBINE : Arlequin, ça suffit. Voyons, montre-moi ta blessure… Tu t'es brûlé ou tu t'es coupé, hein ?
PIERRE : *(Luttant toujours contre sa propre mort.)* Et elle continue à aboyer… elle hurle et mord mes blessures…

ARLEQUÍN: ¡Rápido! ¡Rápido! Yo también me desangro...
COLOMBINA: Anda, pero si no tienes nada... no es sangre tuya bobito...
ARLEQUÍN: ¿Seguro?
PEDRO: (*Débilmente.*) ¡No!
ARLEQUÍN: ¡Fíjate bien!
COLOMBINA: A estas alturas ya no puedes sangrar... (*A Pedro.*) ¡Pedro! ¡Dios mío! No te muevas... (*A Arlequín.*) Tienes que ir a buscar al doctor... El doctor... ¡Rápido!
ARLEQUÍN: ¡Sí... sí... rápido que me parece que me dan mareos! (*Da algunos temerosos pasos y se detiene.*) ¡Solo! ¿Tengo que ir a buscar al médico yo solito? ¿No hay un médico en la sala? O un veterinario… igual da… (*Dirigiéndose a un espectador.*) ¿Señor acaso usted podría…?
COLOMBINA: (*Sin dejarse distraer.*) Arlequín por favor... No ves que está herido de verdad... anda corre, y no te pares hasta encontrarlo...
ARLEQUÍN: ¡Ay... ay... ay! (*Alejándose.*)
COLOMBINA: ¡Corre Arlequín, corre!

A lo lejos se oye la voz de Arlequín que grita: « Ay…ay…ay ». *Y luego:* « Doctor, doctor ». *Va creciendo un barullo de voces, risas y golpes en las paredes. Son personajes de otras historias que aparecen como muñecos abriendo las trampillas. Ritmo alegrísimo de farsa de Guiñol. Colombina no oye lo que pasa a su alrededor.*

COLOMBINA: (*Pone la cabeza de Pedro en su regazo.*) No te muevas hermanito... puedes tener fracturas... no te muevas...
VECINA I: (*Apareciendo por una trampilla.*) ¿Quién hace tanto ruido? ¿Qué pasa?
VECINA II: ¿Manuel? ¿Eres tú, Manuel?
UNA VIEJA: (*Aparece tapándose los ojos con ambas manos.*) Yo no he visto nada, yo no he visto nada...
UN VIEJO: (*Con bata y gorro de dormir.*) Si necesita algo me llama, eh.
VECINO I: ¿Quién ha apagado la luz?
VIEJA: (*Repitiendo siempre el mismo juego.*) Yo no he visto nada, yo no he visto nada...
OTRO VIEJO: Salud y fuerza al...

ARLEQUIN : Vite ! Vite ! Moi aussi je perds mon sang…
COLOMBINE : Mais enfin, tu n'as rien du tout… ce n'est pas ton sang gros bêta…
ARLEQUIN : Tu en es sûre ?
PIERRE : *(Faiblement.)* Non !
ARLEQUIN : Regarde bien !
COLOMBINE : Au point où nous en sommes tu ne peux plus saigner… *(À Pierre.)* Pierre ! Mon Dieu ! Ne bouge pas… *(À Arlequin.)* Tu dois aller chercher le docteur… Le docteur… vite !
ARLEQUIN : Oui… oui… vite, je crois que j'ai mal au cœur ! *(Il fait quelques pas craintifs et s'arrête.)* Seul ! Il faut que j'aille chercher le docteur moi tout seul ? Y a-t-il un docteur dans la salle ? Ou un vétérinaire… c'est pareil… *(S'adressant à un spectateur.)* Monsieur, vous pourriez peut-être… ?
COLOMBINE : *(Sans détourner son attention de Pierre.)* Arlequin, s'il te plaît… Tu ne vois pas qu'il est réellement blessé… Allez cours, et ne t'arrête pas avant de l'avoir trouvé…
ARLEQUIN : Aïe… aïe… aïe ! *(En s'éloignant.)*
COLOMBINE : Cours, Arlequin, cours vite !

Au loin, on entend la voix d'Arlequin qui crie : « Aïe… aïe… aïe ». *Puis :* « Docteur, docteur ». *Un brouhaha de voix, de rires et de coups sur les murs monte peu à peu. Ce sont des personnages d'autres histoires qui surgissent par les trappes comme des marionnettes. Rythme* allegrissimo *de farce de guignol. Colombine n'entend toujours pas ce qui se passe autour d'elle.*

COLOMBINE : *(Elle pose la tête de Pierre sur ses genoux.)* Ne bouge pas, petit frère… Tu as peut-être des fractures… ne bouge pas…
VOISINE I : *(Apparaissant par une trappe.)* Qui est-ce qui fait tout ce bruit ? Qu'est-ce qui se passe ?
VOISINE II : Manuel ? C'est toi, Manuel ?
UNE VIEILLE FEMME : *(Elle apparaît avec les deux mains sur les yeux.)* Moi je n'ai rien vu, je n'ai rien vu…
UN VIEILLARD : *(En robe de chambre et bonnet de nuit.)* Si vous avez besoin de quoi que ce soit, vous m'appelez, hein.
VOISIN I : Qui a éteint la lumière ?
VIEILLE FEMME : *(Toujours le même jeu.)* Moi je n'ai rien vu, je n'ai rien vu…
UN AUTRE VIEILLARD : Du rhum… des femmes…

COLOMBINA: (*Cantando y meciendo a Pedro.*)
A un viejo hospital de los muñecos
llegó un pobre Pinocho malherido
un cruel espantapájaros bandido...
ARLEQUÍN: (*Muy lejos.*) Doctor... doctor...
VECINO I: ¡La luz! ¡La luz!
VECINA II: Manuel, Manuel, Manueeeel...
VECINA I: Ahora mismo llamo la policía. ¡Policía!
VIEJA: (*Cada vez más histérica.*) Yo no he visto nada, yo no he visto nada...
VECINO I: ¡La luz, que enciendan la luz!
EL VIEJO: Café... ¿Quién quiere café?
COLOMBINA: ... lo sorprendió, durmiendo y lo atacó.
Le dejó la nariz hecha pedazos
Y una pierna en tres partes astillada...
VECINA I: ¡Silencio! ¡Silencio!
VIEJA: Nada, nada, nada...
EL OTRO VIEJO: ¡Escancien! ¡Escancien!
VECINA I: ¡Policía! ¡Policía!
VIEJO: ¡Caféééééééééé! ¡Cafééééééé!
VECINO I: ¡Queremos vivir tranquilos! ¡Tranquilos! ¿Me oyen?
VECINO II: ¡¿Qué está pasando?! ¡¿Qué está pasando?!
VIEJA: Yo no he visto nada, yo no he visto nada...
COLOMBINA: … una lesión interna y delicada
que el médico de guardia no atendió...

A la lejana voz de Arlequín se van sumiendo varias. Un eco cercano se va burlando de ellas. Colombina sigue cantando y los títeres de la farsa de Guiñol se encaraman en un crescendo *feroz. Es un escalofrío de risas y de gestos: enloquecido mecanismo.*

VOZ I: ¡Doctor! ¡Doctoooor!
VECINA I: ¿Qué pasa? ¿Qué pasa?
VIEJO: ¡Hubo una explosión!... ¡Ya no hay luz!
VECINO I: ¿Y la policía?
VOZ II: ¡Doctor! ¡Doctor!

COLOMBINE : *(Elle chante et berce Pierre.)*
C'est la triste histoire de Pinocchio,
Bringuebalé en taxi-brouette,
Vers l'hôpital des marionnettes…
ARLEQUIN : *(Très loin.)* Docteur… docteur…
VOISIN I : La lumière ! Allumez la lumière !
VOISINE II : Manuel, Manuel, Manueeeeel…
VOISINE I : J'appelle tout de suite la police. Police !
VIEILLE FEMME : *(De plus en plus hystérique.)* Moi je n'ai rien vu, je n'ai rien vu…
VOISIN I : La lumière, qu'on allume la lumière !
VIEILLARD : Café… Qui veut du café ?
COLOMBINE : … Un boutefeu un peu follet
L'avait surpris tout endormi.
Un boutefeu, fieffé filou,
L'avait surpris, frappé, mordu !…
VOISINE I : Silence ! Silence !
VIEILLE FEMME : Rien, rien de rien…
L'AUTRE VIEILLARD : Ami, vide ton verre… vide ton verre…
VOISINE I : Police ! Police !
VIEILLARD : Cafééééééééééé ! Caféééééééééééé !
VOISIN I : On veut être tranquilles ! Laissez-nous tranquilles ! Vous m'entendez ?
VOISIN II : Qu'est-ce qui se passe ? Qu'est-ce qui se passe ?
VIEILLE FEMME : Moi je n'ai rien vu, je n'ai rien vu…
COLOMBINE : …Les bras en croix, mal fagoté,
Les chevilles rognées, les fils coupés,
Les vis rongées, le nez camus,
Les veines en bois tout vermoulu…

À la lointaine voix d'Arlequin s'ajoutent d'autres voix. Un écho tout proche vient se moquer d'elles. Colombine continue à chanter et les pantins de la farce de guignol se perchent sur un crescendo *féroce. C'est un frisson de rires et de gesticulations : mécanisme pris de folie.*

VOIX I : Docteur ! Docteeeeuuuur !
VOISINE I : Qu'est-ce qui se passe ? Qu'est-ce qui se passe ?
VIEILLARD : Il y a eu une explosion !… L'électricité est coupée !
VOISIN I : Et la police ?
VOIX II : Docteur ! Docteur !

VECINO II: ¡La luz!
VIEJA: No ha pasado nada, nada, nada....
VECINA II: (*Con una risa de vidrio roto que se irá propagando.*) ¡La policía! ¡Ja, ja, ja! ¡La policía! ¡Ja, ja, ja! ¡La policía! ¡Ja, ja, ja! ¡La policía! ¡Ja, ja, ja! ¡La policía! ¡Ja, ja, ja!
EL OTRO VIEJO: ¡Una explosión!
VOZ III: ¡BUUUUMMMM!
VECINA I: ¡BUUUUMMMM!
VECINO II: ¡Una explosión!

COLOMBINA: ... a un viejo cirujano llamaron con urgencia
y con su vieja ciencia pronto lo remendó...
VECINO I: ¡BUUUUMMMM!
VOZ I: ¡Doctooooor!
COLOMBINA: ...mas les dijo a todos los muñecos
que estaban internados,
todo será en vano: le falta el...

Sigue cantando. Su voz se vuelve un murmullo sumergido por el tableteo de las trampillas: todos los títeres aparecen y desaparecen repitiendo el « ¡BUUUUMMMM! *». Locura endemoniada de los muñecos de trapo: los golpes de las trampillas, primero desordenados, se van acompasando y luego se aceleran hasta la ruptura final. El chispazo de un vuelo de tijeras silba en el aire.*
Silencio.
Ahora los muñecos desarticulados llevan la máscara de una sonrisa congelada y en la penumbra baila un polvillo de estopa. Entra el Viejo todavía con bata y gorro de dormir. A un tiempo todos los muñecos desaparecen. El Viejo avanza tanteando el aire y arrastrando los pies, lleva un farolillo colgado del cuello. Colombina, como si nada hubiera pasado, sigue arrullando a Pedro. Se vuelve a oír a lo lejos la voz de Arlequín gritando: « ¡Doctor! ¡Doctor! ».

VOISIN II : La lumière !
VIEILLE FEMME : Il ne s'est rien passé, rien de rien…
VOISINE II *: (Avec un rire d'éclat de verre qui se propagera peu à peu.)* La police, ah, ah, ah ! La police, ah, ah, ah ! La police, ah, ah, ah ! La police, ah, ah, ah ! La police, ah, ah, ah !
L'AUTRE VIEILLARD : Une explosion !
VOIX III : BOOOUUUUUMMMMMM !
VOISINE I : BOOOUUUUUMMMMMM !
VOISIN II : Une explosion !
COLOMBINE : … À l'hôpital des marionnettes
On analyse ses bobos.
« Fracture du cœur, c'est le tombeau ! »
Il ne vaut plus qu'des clopinettes…
VOISIN I : BOOOUUUUUMMMMMM !
VOIX I : Docteeeeuuuuuuur !
COLOMBINE : … Un chirurgien hurluberlu,
Père Gepetto à ses heures perdues,
Le soulève comme une brindille
Et dit aux pantins, toute sa famille :
« Désolé les gars, Pinocchio n'est plus ».
« Désolé les gars, Pinocchio n'est plus ».

Elle continue à chanter. Sa voix se transforme en un murmure submergé par le claquement des trappes : toutes les marionnettes jaillissent et disparaissent en répétant les « Boooouuuum ! *». Folie endiablée des pantins de chiffon : le battement des trappes, d'abord désordonné, commence peu à peu à marquer la mesure puis s'accélère jusqu'à la rupture finale. L'étincelle d'un vol de ciseaux siffle dans l'air.*
Silence.
À présent, les pantins désarticulés portent le masque d'un sourire figé, et dans la pénombre volette une poussière d'étoupe. Entre le vieillard, toujours en robe de chambre et bonnet de nuit. Au même instant, toutes les marionnettes disparaissent. Le vieux avance en tâtonnant l'air et en traînant des pieds. Il porte une petite lanterne accrochée au cou. Comme s'il ne s'était rien passé, Colombine continue à bercer Pierre en chantant doucement. Au loin, on entend de nouveau la voix d'Arlequin qui crie : « Docteur ! Docteur ! ».

VIEJO: ¿Qué pasa... el jovencito se agarró otra curda? Nosotros decíamos siempre: « Quien festeja no se queja ». Pero ahora no hay manera: todos se quejan… todos… y por cualquier cosa además… por cualquier cosa… ¡Sí señor! Bueno, bueno… no se preocupe... yo sé muy bien lo que es... ¿Pero de nuevo se quemó el foquito? Debe de ser el viento... hay muchas corrientes de aire por aquí... muchas ventanas abiertas… muchas puertas… y al final es el desmadre… Antes había más compostura… antes las cosas duraban más… Ahora, pffffffssssss… Todo anda manga por hombro… En mis tiempos, le dábamos al mate con ginebra hasta la madrugada... bueno, los que llegaban... Viejos tiempos… ¡Caray! ¿Qué le voy a contar?... Estoy preparando café... se me bebe uno bien calientito... y en un santiamén está como nuevo... ahora se lo traigo... ¡Ah, sí!… y a ver si cambio esa lamparita… no se ve ni una aguja en un pajar aquí… no, eso es otra cosa… ¿Cómo era?… Bueno: quiero decir que no se ve nada, nada de nada… Ustedes ya entienden…

Sale renqueando despacito para irse al bar que está en la esquina.

ARLEQUÍN: (*Muy lejos.*) Doctor... doctor...
OTRO: ¡Callarsus leches!
OTRO: ¡Policía, policía!
ARLEQUÍN: (*Muy lejos y como jugando al escondite.)* Doctor... doctor... Dove está il dottore? Dottore, dottore...
COLOMBINA: (*Como para sí misma.*) Arlequín, por favor... esto no es un juego... este muchacho se está muriendo... Parece que nadie se da cuenta de lo que está pasando aquí... No te muevas Pedro... voy a buscar al doctor, ahora vuelvo...

Colombina sale. Pedro de pie, tambaleándose. Crece un sonido de guadañas que va segando el aire.

PEDRO: Ahí vienen... Ahí vienen... están en todas partes... ya me voy... ya me voy sin poder llevarme nada... apreté los puños y lo poco que pude asir se me escapó entre los dedos... Ahí viene la muy cómica arrasando con todo... los sueños... las esperanzas... el amor... el pequeño teatro de nuestra vida donde jugamos en serio a ser alguien importante... donde jugamos en serio a inventarnos responsabilidades y problemas... círculos de amigos o empresas donde somos los mejores, los jefes o los reyes... los imprescindibles... como si

VIEILLARD : Qu'est ce qui se passe ?... Le petit s'est encore pris une cuite ? Nous, on disait toujours : « Qui festoie ne se plaint pas ». Mais maintenant, 'y a pas moyen : tout le monde se plaint... tout le monde... et pour n'importe quoi en plus... pour n'importe quoi... Oui monsieur !
Bon, bon... ne vous en faites pas... je sais très bien ce que c'est... Mais l'ampoule a encore grillé ? Ça doit être le vent... il y a beaucoup de courants d'air par ici... beaucoup de fenêtres ouvertes... beaucoup de portes... et au bout du compte, c'est toujours le bordel... Avant on savait se tenir... avant les choses duraient plus longtemps... Maintenant, pffffffff... Tout est sans dessus dessous... De mon temps on se rinçait le gosier à coups de gnôle jusqu'à l'aube... enfin, ceux qui y arrivaient... C'était le bon temps, sacrelotte ! Vous voyez ce que je veux dire ?... Je suis en train de faire du café... vous en buvez un bien chaud... ça vous retape en moins de deux... je vous l'apporte tout de suite... Ah oui... et il faut pas que j'oublie de changer cette ampoule... on voit pas une aiguille dans une motte de foin ici... non, ça c'est autre chose... Comment c'était déjà ?... Bon : je veux dire qu'on voit rien ici, rien du tout... Enfin, vous me comprenez...

Il sort en boitillant doucement pour aller au bar du coin.

ARLEQUIN : *(Très loin.)* Docteur... docteur...
UN AUTRE : Fermez-la, bordel !
ENCORE UN AUTRE : Police ! Police !
ARLEQUIN : *(Très loin et comme s'il jouait à cache-cache.)* Docteur... docteur... Dove está il dottore ? Dottore, dottore...
COLOMBINE : *(Comme si elle se parlait à elle-même.)* Arlequin, s'il te plaît... c'est pas un jeu... ce garçon est en train de mourir... on dirait que personne ne se rend compte de ce qui se passe ici... ne bouge pas Pierre... je vais chercher le docteur, je reviens tout de suite...

Colombine sort. Pierre est debout, chancelant. Crescendo *de faux fauchant l'air.*

PIERRE : Elles arrivent... Elles arrivent... elles sont partout... je m'en vais... déjà... je m'en vais sans pouvoir rien garder... j'ai serré les poings et le peu que j'ai pu saisir a glissé entre mes doigts... La voilà la drôlesse... elle dévaste tout... les rêves... les espérances... l'amour... le petit théâtre de notre vie où on joue sérieusement à être quelqu'un d'important... où on joue sérieusement à s'inventer des responsabilités et des problèmes... des groupes d'amis ou des entreprises où nous sommes les meilleurs, les chefs ou les rois... les

esta carne que amuralla nuestra alma estuviera hecha de un metal incorruptible... como si nunca nada pudiese seguir sin nosotros... ahí viene ella con sus acólitos y... ¡raka! de un golpe certero... traspasa la muralla y adiós sueños... esperanzas... amores... amigos... jefes y reyes... adiós... no... no... déjenme... déjenme...

Mientras Pedro lucha con una segadora invisible en la tarima, por uno de los laterales aparece la Huesuda.

HUESUDA: Toute nature autour de moi doit faire silence au tic-tac de la loi et de la montre... 661, 662, 663, 664, 665... ¡Me falta uno! ¡Me falta uno! Nich bevor ther zug halt! En eso habíamos quedado con el idiota del autor: ¡666! ¡666! Las cuentas claras y la sangre espesa... ja, ja, ja... ¿Alguien ha visto a mi muerto? Sal ya de una vez... de mí no te escondes ni debajo de la tierra.

Husmea por todas partes relamiéndose de antemano. Aparece Tartaloco con un enorme sobre.

TARTALOCO: Una caca... una caca... una caca...
HUESUDA: ¿Qué pie... el derecho o el izquierdo?
TARTALOCO: Una carta para la mu... para la mumu... para la muerte...
HUESUDA: ¡Aháááá! Tendría usted la amabilidad de leérmela, caballero.
TARTALOCO: (*De un tirón.*) De pluma y tintero
No tengo sombrero...
HUESUDA: ¿Perdone?
TARTALOCO: Pero usted sabrá
Que me quiero casar...
HUESUDA: ¡Lee de una vez tartatonto!
TARTALOCO: (*Ídem.*) Me presento señora
Tartaloco soy
Tartaloco estoy
Por hoy y por mañana
Por toda la semana...
HUESUDA: ¡Lee o te destripo a guadañazos idiota!
TARTALOCO: Está bien... está bien... que... que... que...
HUESUDA: ¿Quéééé?
TARTALOCO: Querida mu... mu... siento de... de... decirte que... que no po... po... podré venir a tu ci... ci... cita.

indispensables... comme si cette chair qui mure notre âme était faite d'un métal incorruptible... comme si rien ne pouvait jamais continuer sans nous... voilà qu'elle arrive avec ses acolytes et... vlan ! d'un coup précis... elle traverse le mur et adieu rêves... espérances... amours... amis... chefs et rois... adieu... non... non... laissez-moi... laissez-moi...

Tandis que Pierre lutte sur le tréteau contre une faucheuse invisible, par un des côtés apparaît la Mort.

MORT : Toute nature autour de moi doit faire silence au tic-tac de la loi et de la montre... 661, 662, 663, 664, 665... Il m'en manque un ! ¡Me falta uno ! Nich bevor ther zug halt ! Nous nous étions pourtant mis d'accord avec cet idiot d'auteur : 666 ! 666 ! Les comptes ronds et les pissenlits par la racine... ha, ha, ha... Quelqu'un a-t-il vu mon mort ? Viens ici immédiatement... avec moi t'es pas à l'abri, même sous terre.

Elle renifle partout en se pourléchant à l'avance. Bèguefou apparaît avec une énorme enveloppe.

BEGUEFOU : Caca... caca... caca... popo... popo...
MORT : Quel pied ? Le droit ou le gauche ?
BEGUEFOU : Une carte popo... une carte postale pour la momo...
MORT : Ahhhh ! Auriez-vous l'obligeance de me la lire, monsignore ?
BEGUEFOU : *(D'une seule traite.)* Je suis monsignore Bèguefou
Et apprenez madame la squelette...
MORT : Plaît-il ?
BEGUEFOU : Que même sans couvre-tête
Je veux me marier avec vous...
MORT : Allez ! Vas-y, lis ! Bèguebête !
BUEGUEFOU : *(Idem.)* Je me présente madame
Bèguefou je suis
Et Bèguefou je reste
Pour aujourd'hui et pour demain
Jusqu'à la Saint-Glinglin...
MORT : Lis ou je te faucille la tripaille, espèce d'idiot !
BEGUEFOU : C'est bon... c'est bon... ma... ma... ma...
MORT : Ma quoiiii ?
BEGUEFOU : Ma chère mo... mo... je re... regrette... beau... beau... beaucoup mais je ne... ne... pou... pou... pourrai pas venir à... à... ton rendez-vous... vous.

Me cu... cu... curé antes de tiempo y estoy más vi... más vi... más vi...

Aparecen por los laterales Arlequín, Colombina y el Dottore, grande, gordo, grueso, el paso titubeante y el cerebro empañado por el vapor de las uvas. Todos, alrededor de nuestro navío.

ARLEQUÍN: ¡Más vivo que nunca!
COLOMBINA: ¡Más vivos que nunca! Con más ganas que nunca de reír y de amar. (*Levanta su falda y hace la rueda con una cola de pavo real.*) Agárrame Arlequín... ¡Agárrame!

Se persiguen. El Dottore canta abrazado a una damajuana. La Huesuda se impacienta, Tartaloco tarturrea.

DOTTORE: Agua no me satisface,
Sea clara, limpia y pura;
Pues aun cuando murmura,
Menos mal dice que hace.
Nadie quiero que me cace;
Morir quiero en mi garlito.
Dijo a la rana el mosquito
Desde una tinaja:
« Mejor morir en el vino
Que vivir en el agua ».

TARTALOCO: Pe... pero así no se pu... pu... no se pu... pu... puede leer...
HUESUDA: ¡Basta, basta! Ven aquí, tú me vas a redondear el numerito... A falta de pan… buenos son tartas... ¡Ja! ¡Ja! ¡Ja!... A falta de pan, buenos son tartas… ¡Ja! (*Cambio de voz y de actitud.*) Ya está bien tartaidiota, ven aquí. ¡Yo nunca dejo para mañana lo que se puede segar hoy!
TARTALOCO: No... no... no...

Tartaloco echa a correr perseguido por la Huesuda que le tira guadañazos que él esquiva como puede. El Dottore entre sorbito y sorbito sigue cantando. Arlequín y Colombina siguen jugando.

COLOMBINA: Arlequín... Arlequín...
ARLEQUÍN: Dame un beso Colombina... dame un beso.
COLOMBINA: ¿Por qué?

Je… je… ne suis plus… plus… malade et je tiens trop… trop… trop…

Par les côtés apparaissent Arlequin, Colombine et le Dottore, grand, gros, gras, le pas titubant et le cerveau tout embué de vapeurs de raisin. Tous vont et viennent autour de notre navire.

ARLEQUIN : Je tiens trop à la vie !
COLOMBINE : Nous tenons trop à la vie ! Et nous avons plus envie que jamais de rire et d'aimer ! *(Elle lève sa jupe qui forme une roue de paon.)* Attrape-moi Arlequin… Attrape-moi !

Ils se poursuivent. Le Dottore chante en enlaçant une dame-jeanne. La Mort s'impatiente, Bèguefou bègueliloque.

DOTTORE : Nageant dans une barrique
Une grenouille disait au moustique :
« C'est pas dans un verre d'eau
que je laisserai ma peau.
Je préfère trouver ma fin
dans un bon verre de vin ».
Et le moustique, grand échanson
dans une cave bruxelloise :
« Vous avez peut-être raison…
Moi je préfère la cervoise ».

BEGUEFOU : Mais… mais… on ne peut… peut pas… li… li… lire comme… comme ça…
MORT : Ça suffit ! Ça suffit ! Viens par-là, avec toi le compte est bon… Faute de grives, on mange des bègues… ha, ha, ha ! Faute de grives, on mange des bègues… Ha ! *(Elle change de voix et d'attitude.)* Bon, ça suffit bèguebête, viens par-là ! Je ne vais pas laisser pour demain ce que je peux faucher aujourd'hui !
BEGUEFOU : Non… non… non…

Bèguefou détale au pas de course poursuivi par la Mort et sa faux qu'il évite tant bien que mal. Le Dottore, entre deux gorgées, continue à chanter. Arlequin et Colombine continuent à jouer.

COLOMBINE : Arlequin… Arlequin…
ARLEQUIN : Fais-moi un bisou Colombine… fais-moi un bisou.
COLOMBINE : Pourquoi ça ?

ARLEQUÍN: Porque... porque... ¡Porque me hice nanita en el dedo!
COLOMBINA: Primero cuéntales lo que vamos a hacer. Trata de convencerlos para que vengan todos.
ARLEQUÍN: ¿A quiénes?
COLOMBINA: (*Señalando al público.*) A ellos Arlequín. Ellos pueden hacer que las cosas cambien. No podemos seguir volviéndonos fuego, sangre y humo a cada explosión.
ARLEQUÍN: ¿Tienen que venir todos? ¿Todos? ¿Quiénes son todos? ¿Para qué?
COLOMBINA: Ellos y todo lo que nos vamos olvidando... Los personajes de nuestros cuentos preferidos, los malos de todas las películas, el payaso triste que oscureció nuestra infancia. Que vengan todos para hacer la manifestación...
ARLEQUÍN: ¿Tú crees que le importa a alguien?
COLOMBINA: Arlequín me habías dicho que me ayudarías. ¿Ya no te acuerdas?
ARLEQUÍN: No... ¡Ha, sí, claro! ¡Claro! Va a ser una enorme manifestación contra todos los fabricantes de suerte...
COLOMBINA: ¡De muerte! ¡Arlequín! Contra todos los fabricantes de muerte... Me habías prometido aprenderte el papel para hoy!
ARLEQUÍN: Cada uno tiene que traer un papel...
COLOMBINA: ¡Un cartel! ¡Para hacer la manifestación se necesita un cartel!
ARLEQUÍN: ... traer un cartel en donde diga su indigestión...
COLOMBINA: ¡Indignación!
ARLEQUÍN: ... su indignación... su indignación y su rabia. Ya que se hacen los sordos, vamos a hacer una manifestación silenciosa... para ver si así se enteran...
COLOMBINA: ¡Muy bien!
ARLEQUÍN: Dame un beso Colombina...
COLOMBINA: Y luego haremos una gran fiesta...
ARLEQUÍN: Y luego haremos una gran fiesta... bailaremos salsa, lentos y agarrados toda la noche... y Colombina me dará muchos pero muchos besos... y ya no me olvidaré nunca más de las cosas... y habrá comida para todos... y luces de colores... muchas luces de colores... y cohetes, pero sonarán despacito para que nadie se asuste... y nos emborracharemos con zumo de naranja y de piña... y cuando empiece a amanecer... porque en algún momento tendrá que amanecer... entonces cuando empiece a amanecer y que el sol aparezca se va a caer de culo... de cola... de rodillas... bueno: se va a sorprender mucho al ver el mundo tan cambiado... entonces para agradecernos de ser tan buenos nos va a alumbrar dulcecito y con su mejor sonrisa...

ARLEQUIN : Parce que… parce que… Parce que je me suis fait un gros bobo au petit doigt !
COLOMBINE : D'abord raconte-leur ce qu'on va faire. Essaie d'être convaincant, il faut que tout le monde vienne.
ARLEQUIN : Qui ça ?
COLOMBINE : *(En montrant le public.)* Eux Arlequin. Eux peuvent faire changer les choses. Nous ne pouvons pas nous transformer en feu, en sang et en fumée à chaque explosion.
ARLEQUIN : Ils doivent tous venir ? Tous ? C'est qui tous ? Et pour quoi faire ?
COLOMBINE : Eux. Et aussi toutes les choses que nous oublions peu à peu… Les personnages de nos contes préférés, les méchants de tous les films, le clown triste qui assombrissait notre enfance. Il faut qu'ils viennent tous pour participer à la manifestation…
ARLEQUIN : Tu crois que ça intéresse quelqu'un ?
COLOMBINE : Arlequin tu m'avais promis de m'aider ? Tu as oublié ?
ARLEQUIN : Oui… Euh, non, bien sûr ! Bien sûr ! Ça va être une énorme manifestation contre tous les fabricants de sort…
COLOMBINE : De mort ! Arlequin, contre tous les fabricants de mort… Tu m'avais promis d'apprendre ton bout de rôle pour aujourd'hui !
ARLEQUIN : Tout le monde doit amener son bout de rôle…
COLOMBINE : Sa banderole ! Pour manifester il faut une banderole !
ARLEQUIN : … amener sa banderole pour dire son indigestion…
COLOMBINE : Indignation !
ARLEQUIN : … son indignation et sa rage. Et puisqu'ils font tous la sourde oreille, on va faire une manifestation silencieuse… pour voir si comme ça ils comprennent…
COLOMBINE : Très bien !
ARLEQUIN : Fais-moi un bisou Colombine…
COLOMBINE : Et après on fera une grande fête…
ARLEQUIN : Et après on fera une grande fête… on dansera la salsa et des slows pendant toute la nuit… et Colombine me fera tout plein de bisous… et je n'oublierai jamais plus rien… et il y aura à manger pour tout le monde… et des lumières de toutes les couleurs… plein de lumières de toutes les couleurs… et des pétards, mais ils éclateront doucement pour que personne n'ait peur… et on se soûlera au jus d'orange et d'ananas… et quand l'aube arrivera… parce qu'à un moment ou à un autre il faudra bien que l'aube arrive… donc, quand l'aube arrivera et que le soleil apparaîtra, il va tomber sur le cul… sur les fesses… à genoux… enfin : il va être super surpris de voir le monde si différent… alors pour nous remercier il nous éclairera tout doucement et avec son meilleur sourire…

Colombina lo besa y se ponen los dos a cantar.

ARLEQUÍN Y COLOMBINA:
Vengan todos, vengan todos
Vengan todos a bailar
Que Arlequín y Colombina
Hacen fiesta sin igual.
Los grandotes, los chiquitos
Los morenos, los rubitos
Los malotes, los buenitos
Vengan todos, vengan todos
Vengan todos a cantar
Que Arlequín y Colombina
Hacen fiesta sin igual.

ARLEQUÍN Y COLOMBINA: (*Haciéndose coro.*)
Vengan todos, vengan todos... que venga Flash Gordon... que vengan los Cronopios y las Famas... que venga Remedios la bella arrullada en su sábana blanca... y que venga también el Slynx desde el futuro de las estepas rusas... que venga Cyrano de Bergerac volando sobre un rayo de luna... que venga Toshiro Mifune... y que traiga a sus samuráis... que venga el Llanero Solitario en compañía de Charlot y de Sandokán... que venga la Cenicienta, el Hombre Araña y Rosadito Verdoso... que venga Ulises con su famoso perro cuyo nombre no recuerdo... que venga Gardel, Tartaloro y Tripaloca, el Cid Campeador, Pantagruel, Gargantúa, Mandrake y Mafalda... que venga el Hombre del saco, así aprenderemos de una vez por todas a no tenerle más miedo... que venga Tarzán colgado de una liana y que traiga debajo del brazo a Emma Bovary que seguro estará encantada... que venga Hamlet y Charles Bronson con su cara de indio irlandés... que vengan todos, todos, todos y que cada uno traiga su cartel para decir que ya está bien, carajo, que ya basta, que ça suffit, stop, no more, que ya estamos un poquito hartos, que hay que parar la mano... que así no vamos a ninguna parte... dame un beso Colombina... (*Arlequín persiguiendo a Colombina.*) Dame un beso... dame un beso...

Salen.

FINAL DEL CUADRO I

Colombine l'embrasse et ils se mettent tous les deux à chanter.

ARLEQUIN ET COLOMBINE :
Venez tous, venez, venez !
Venez tous, dansez, chantez !
Colombine et Arlequin
Font une fête, une java,
Font une bringue, la nouba !
Pour les grands et les petits,
Pierre, Paul, Jacques et leurs amis,
Pour les petits et les grands,
De zéro mois à cent dix ans.
Venez tous, venez, venez !
Venez tous, dansez, chantez !
Arlequin et Colombine
Font une fête, une java,
Font une bringue, la nouba !

ARLEQUIN ET COLOMBINE : *(En chœur.)*
Venez tous, venez tous… vous êtes tous invités… Flash Gordon… les Cronopes et les Fameux… Remedios le belle enveloppée dans son drap blanc… et aussi le Slynx, qui viendra du futur des steppes russes… Cyrano de Bergerac, volant sur un rayon de lune… et Toshiro Mifune… avec tous ses samourais… il y a aussi Lucky Luke en compagnie de Charlot et de Barberousse… Cendrillon, l'Homme-Araignée et Fantômas… Ulysse et son célèbre chien dont j'ai oublié le nom… et puis Gardel, Tartaloro et Tripaloca, le Cid, Pantagruel, Gargantua, Mandrake et Mafalda… et aussi le Grand Méchant Loup, comme ça on apprendra à ne plus avoir peur de lui… et Tarzan suspendu à une liane, avec Emma Bovary sous le bras, sûr qu'elle sera ravie… il y a Hamlet et Charles Bronson avec sa tête d'indien irlandais… venez tous, tous, tous et que tout le monde apporte sa banderole pour dire que c'est bon, merde, que ça suffit, basta, stop, no more, qu'on en a un petit peu marre, qu'il faut arrêter ça… que tout ça ne mène nulle part… fais-moi un bisou Colombine… *(Arlequin poursuit Colombine.)* … fais-moi un bisou… fais-moi un bisou…

Ils sortent.

FIN DU TABLEAU I

INTERMEDIO PUBLICITARIO CON MUERTE AMBULANTE Y ESQUIZOFRÉNICA.

HUESUDA: Acérquense señores, acérquense... tengo corbatas, moños, camisetas del OM, calvicies a la Zidane, narices a la Beckam, lenguas sonrosadas e impertinentes a la Einstein, bigotes negros como alas de cuervo desplegándose en el cielo de una sonrisa... corbatas tristes y exánimes para los entierros y para los velatorios... acérquense señores, acérquense... (*Brusco cambio de tono.*) ¡Pero no puede ser! ¡No puede ser! ¿Qué es lo que tienen en la cabeza? ¿Quién me mandó a mí tener un público así? ¡Un público de Tartatontos que ni siquiera tartamudea! ¡No puede ser! ¡Hey! ¡Despierten! ¡Despierten! ¿No entienden lo qué está pasando? ¿Nadie se da cuenta? ¿Hasta cuando van a hacerse los sordos, eh? Todo esto no les da ganas de gritar, de salir a la calle y de decir de una vez por todas: « ¡BAAAASTA! » « ¡Plus jamais çaaaa! » ¡Basta! ¡Basta! ¿Qué se creyeron? A mí todo esto no me hace ninguna graciaaa... ¡No puede ser! ¡No puede ser! ¿Qué esperan para decir algo? Para decir: se acabó, esto a mí no me gusta nada. (*Lanza una desarticulada carcajada mientras da una vuelta sobre sí misma. Se burla de sí, se burla del público.*) A mí sí que me gusta. ¡Cállate, tú! ¿No te vas a poner a hablar como ellos, no? Idiota, Cállate. ¿No ves que es un asunto jugoso? ¡Sí, jugoso, sí! (*Se relame y retoma su retahíla.*)... Señoras y señores, damas y caballeros, tengo artículos de primera y de otras manos... un par de guantes de seis dedos, sombreros para hombres elefantes y gafas para perros sabios... tengo medias de seda de araña y calzoncillos de todos los olores... aprovechen, aprovechen que esto dura poco. (*Se vuelve a reír recalcando el « esto dura poco »*.) Y no habrá para todos... vendo también dientes sin caries, ramitos de ojos azules, corazones limpios de amor y hasta me queda un riñón casi nuevito... Señora, ¿no quiere un riñón? Tiene tan sólo dos añitos de uso. Tengo minas antipersonales para sembrar en la casa de los vecinos y bombas químicas en miniatura para el cumpleaños de sus hijitos... tengo dientes y balas de oro, de plata y de acero inoxidable... armas de todos los calibres y enfermedades aún sin estrenar... Aprovechen, aprovechen que el que no se ahoga se ahorca y el que no se suicida se mata... ¿Quién me compra una explosión a crédito?...

INTERMÈDE PUBLICITAIRE
AVEC MORT AMBULANTE ET SCHIZOPHRÈNE

MORT : Approchez mesdames et messieurs, approchez… j'ai des cravates, des rubans, des maillots de l'OM, des calvities à la Zidane, des nez à la Beckam, des langues roses et impertinentes à la Einstein, des moustaches noires comme des ailes de corbeau se déployant dans le ciel d'un sourire… des cravates tristes et expirantes pour les crémations et les inhumations… Approchez mesdames et messieurs, approchez… *(Brusque changement de ton.)* Mais c'est pas possible ! C'est pas possible ! Qu'est-ce que vous avez dans la tête ? Qu'est-ce que j'ai fait pour mériter un public pareil ? Un public de bèguebêtes qui ne sait même pas bégayer ! C'est pas possible ! Ehhh ! Réveillez-vous ! Réveillez-vous ! Vous ne comprenez pas ce qui se passe ? Personne ne se rend compte ? Jusqu'à quand allez-vous faire la sourde oreille, hein ? Tout ça, ça vous donne pas envie de crier, d'aller dans la rue et de dire une bonne fois pour toutes : « BASTAAAA ! » « Plus jamais çaaaa ! ». Ça suffit ! Basta ! Qu'est-ce que vous croyez ? Moi, ça ne me fait pas rire du tout… C'est pas possible ! C'est pas possible ! Qu'est-ce que vous attendez pour dire quelque chose ? Pour dire : « Ça suffit maintenant, tout ça ne me plaît pas du tout ». *(Grand éclat de rire désarticulé et demi-tour sur elle-même. Elle se moque d'elle, elle se moque du public.)* À moi oui ça me plaît. Tais-toi, toi ! Tu ne vas pas te mettre à parler comme eux, non ? Tais-toi, idiote ! Tu ne vois pas que c'est une affaire juteuse ? Juteuse, oui ! *(Elle se pourlèche et reprend son énumération.)*… Mesdames, mesdemoiselles, messieurs, j'ai des articles de première, de deuxième et de bien d'autres mains… une paire de gants à six doigts, des chapeaux pour hommes-éléphants et des lunettes pour chiens savants… j'ai des bas en soie d'araignée et des caleçons de toutes les odeurs… Profitez-en, profitez-en, ça va pas durer longtemps. *(Elle recommence à rire en insistant sur « ça va pas durer longtemps ».)* Et il n'y en aura pas pour tout le monde… je vends aussi des dents sans caries, des bouquets d'yeux bleus, des cœurs purs de tout amour et il me reste même un rein presque tout neuf… madame, vous ne voulez pas un rein ? Il n'a servi que pendant deux petites années. J'ai des mines antipersonnel à semer chez vos voisins et des bombes chimiques en miniature pour l'anniversaire de vos chers petits… J'ai des dents et des balles en or, en argent et en acier inoxydable… des armes de tous calibres et des maladies pas encore étrennées… Profitez-en, profitez-en, qui ne se noie pas se pend et qui ne se suicide pas se tue… Qui m'achète une explosion à crédit ?…

un átomo de uranio pagable con visa... Sí, sí, señora acepto los cheques y los bonos del estado... No se impacienten... ya voy... ya voy... (*Lanzando pétalos negros hacia el público y luego hacia los laterales sale cantando el tanto « Cambalache ».)* Dale nomás... dale que va... que allá en el horno nos vamo' a encontrar... es lo mismo el que labura noche y día como un buey... el que vive de las minas o el que está fuera de la ley...

un atome d'uranium réglable par carte bleue... oui, oui, madame, j'accepte les chèques et les bons du Trésor... Attendez, attendez... j'arrive... j'arrive... *(Elle lance des pétales noirs vers le public puis vers les côtés. Elle sort en chantant le tango « Cambalache ».)* Dale nomás... dale que va... que allá en el horno nos vamo' a encontrar... es lo mismo el que labura noche y día como un buey... el que vive de las minas o el que está fuera de la ley...

CUADRO II

Cabalgando un rayo de luna, Pierrot sigue su viaje por los andamios del viento. Personaje doble, figura de dos caras, su silueta funámbula sigue buscando el camino de nuestra mirada. Los sonidos del bombo son unas ascuas que se apagan.

PIERROT:

Cuando ya nada queda,
Cuando los gestos y los sueños
Se van yendo despacito,
Y la memoria se borra...
Blanco, solo, el grito agudo
Del silencio como un cuchillo.
Por eso fue necesario
Tomar el escenario por asalto,
Sacar del sombrero
El paraíso perdido,
Arrancar la historia
De la máscara de los muertos,
Y decir algunas cosas
Con dos sonrisas y un tormento.
Para que seamos todos
Atravesados por un sueño...
O por una pesadilla...

Vuelta a la tarima. Pedro lucha débilmente con la segadora invisible.

PEDRO: ... No... no... déjenme... déjenme... (*Entran Colombina, Arlequín y el Dottore con su máscara de diablo amarillo.)* Ahí vienen... ahí vienen... no... no...
COLOMBINA: No tengas miedo Pedro... somos nosotros... hemos encontrado a un doctor...
DOTTORE: (*Le toma el pulso y empieza a auscultarlo.)* Eso pasa por andar... hip... siempre por terrenos bal-hip-díos y vías desafec-hip. Hasta los gatos saben que a esas fábricas no hay que… hip… acercarse... Tendrías que estudiar más y tontonear menos... No llore señorita parece que esto tiene…hip... arreglo... sangrarle y curarle y si muriere enterrarle...

TABLEAU II

Chevauchant un rayon de lune, Pierrot poursuit son voyage sur les échafaudages du vent. Personnage double, figure à deux visages, sa silhouette funambule continue à chercher le chemin de notre regard. Le son du tambour, des braises qui s'éteignent.

PIERROT : Quand il ne reste plus rien,
Quand les gestes et les rêves
S'effilochent lentement,
Et que la mémoire s'efface…
Blanc, seul, le cri aigu
Du silence comme un couteau.
C'est pour cela qu'il a fallu
Prendre la scène d'assaut,
Et faire réapparaître
Le paradis perdu,
Arracher l'histoire
Du masque des morts,
Et dire deux ou trois choses
En deux éclats de rire et un tourment.
Pour que nous soyons tous
Transpercés par un rêve…
Ou par un cauchemar…

Retour au tréteau. Pierre lutte sans forces contre la faucheuse invisible.

PIERRE : … Non… non… laissez-moi… laissez-moi… *(Entrent Colombine, Arlequin et le Dottore avec son masque de diable jaune.)* Les voilà… les voilà… non… non…

COLOMBINE : N'aie pas peur Pierre… c'est nous… nous avons trouvé un docteur…

DOTTORE : *(Il lui prend le pouls et commence à l'ausculter.)* Voilà ce qui arrive à ceux qui passent leur temps… hip… sur les ter-hip-rains vagues et les voies désafec-hip. Même les chats savent qu'il ne faut pas s'approcher de ces… hip… usines… Tu devrais étudier plus et rêvasser moins… Ne pleurez pas mademoiselle je crois qu'on peut… hip… réparer… Une bonne saignée c'est la voie de la santé, et si ça soigne pas, bon débarras…

ARLEQUÍN: ¿Tiene algo roto Dottore?
DOTTORE: No, tengo lo que nosotros llamamos… hip… una contracción espasmódica del diafra-hip-gma que produce una vibración de las cuerdas vocales... hip...
ARLEQUÍN: Usted no, él...
DOTTORE: La crisma, seguro...
COLOMBINA: ¿Pero cómo te hiciste eso, Pedro?
PEDRO: ... No sé... no sé... se me rompieron hasta los recuerdos... un día de repente gris... muchos niños sorprendidos... corriendo en silencio... una mujer que miraba hacia arriba con la cara llena de pájaros y amapolas... ¡Nooooooo!
VECINO I: ¡Ya estoy harto, ahora mismo llamo a la policía!
OTRO: (*Muy lejos.*)¡Doctor, doctor!
VECINA: Ya voy, me estoy poniendo los zapatitos...
DOTTORE: (*Bebiendo de su damajuana.*) Vade retro sed tenaz... hip... con vino y con uvas hasta la sepultura... hip...
OTRO VECINO: ¡Ay mísero de mí... ay infelice!

Aparece la portera: mandil, rulos y pantuflas. El Dottore ausculta a Pedro con un enorme estetoscopio.

PORTERA: Não se pode durmir em esta casa, héé! Estou farta de este gato mau de pelo raso... um dia esta a trazer mulheres e o outrou não paga o alquiler... todas as noites esta compretamente bévedo... eu não possou mais... sempre fazendo ruido e mais ruido... não ha mais tranquilidade... não se pode durmir...
PEDRO: ... Todos duermen, todos duermen pero nadie sueña en este país... quizás tengamos todos un poco de culpa... encaramados en nuestras codicias cotidianas... ya no importa quiénes somos... qué hacemos todos tan dormidos...
PORTERA: Qué esta a dizer? Esta muito bévedo...
VIEJO: (*Apareciendo por una trampilla.*) Aquí tiene su café... tenga cuidado que está muy caliente... pero así es como se debe tomar... Con mi finadita, después del mate con ginebra, nos tomábamos dos o tres ristrettos bien calentitos y cómo nuevos...
ARLEQUÍN: El joven no está borracho... está herido... (*Trata de explicarle.*) Não esta borracho... não esta bévedo... esta ferido... por uma grande explotação...
PORTERA: ¡Não quero ouvir! Eu quero tranquilidade.
DOTTORE: (*Sacando huesos e intestinos del cuerpo de Pedro.*) Fracturas... contusiones... equimosis...

ARLEQUIN : Quelque chose de cassé Dottore ?
DOTTORE : Pas du tout, je subis les effets de ce que nous appelons… hip… une contraction spasmodique du diaphra-hip-gme qui produit une vibration des cordes vocales… hip…
ARLEQUIN : Pas vous, lui…
DOTTORE : Le ciboulot, à coup sûr…
COLOMBINE : Mais comment tu t'es fait ça, Pierre ?
PIERRE : … Je ne sais pas… je ne sais pas… même mes souvenirs sont en morceaux… une journée soudain devenue grise… beaucoup d'enfants surpris… qui courent en silence… une femme qui regardait vers le ciel le visage couvert d'oiseaux et de coquelicots… Nooooooon !
VOISIN I : J'en ai marre, j'appelle tout de suite la police !
UN AUTRE : *(Très loin.)* Docteur, docteur !
VOISINE : J'arrive, je suis en train de mettre mes souliers…
DOTTORE *: (Buvant à sa dame-jeanne.)* Vade retro satanée soif… hip… si elle est vide, je la plains, et si elle est pleine, je la vide… hip…
UN AUTRE VOISIN : Ô rage… ô désespoir !

Apparaît la concierge : tablier, bigoudis et pantoufles. Le Dottore ausculte Pierre avec un énorme stéthoscope.

CONCIERGE : Não se pode durmir em esta casa, héé ! Estou farta de este gato mau de pelo raso... um dia esta a trazer mulheres e o outrou não paga o alquiler... todas as noites esta compretamente bévedo... eu não possou mais... sempre fazendo ruido e mais ruido... não ha mais tranquilidade... não se pode durmir...
PIERRE : … Ils dorment tous, ils dorment tous mais plus personne ne rêve dans ce pays… Nous sommes peut-être tous un peu coupables… plongés dans nos mesquineries quotidiennes… nous avons oublié qui nous sommes… et ce que nous attendons pour nous réveiller…
CONCIERGE : Que esta a dizer ? Esta muito bévedo…
VIEILLARD : *(Apparaissant par une trappe.)* Voilà votre café… Faites attention, il est très chaud… mais c'est comme ça qu'il faut le boire… Avec ma chère épouse, paix à son âme… après notre petite gnôle, on buvait deux ou trois cafés bien serrés et bien chauds et c'était reparti…
ARLEQUIN : Ce garçon n'est pas soûl… il est blessé… *(Il essaie de lui expliquer.)* Não esta borracho… não esta bévedo… esta ferido… por uma grande explotação…
CONCIERGE : Não quero ouvir ! Eu quero tranquilidade.
DOTTORE : *(Il sort des os et des intestins du corps de Pierre.)* Fractures… contusions… ecchymoses…

ARLEQUÍN: Uma grande explotação… uma grande booommm!
PORTERA: *(Gritando o llorando o quizás todo a la vez.)* Não é possível... não é possível…
DOTTORE: …catalepsia... catacumbas... catequismo... sangre... insumisión... sueños... úvulas... uretritis...
ARLEQUÍN: Sí señora, sí… ¡uma grandísima booommmm!
DOTTORE: …utopías... iridáceas... integridad... intelecto... intenciones... intestinos... sueños… sueños… sueños… *(El Dottore seguirá repitiendo en tono más bajo la palabra «* sueño *» hasta que aparezca Charlot con su cartel.)*

Con esta « invocación » empiezan a aparecer todos los personajes invitados por Colombina y Arlequín. Máscaras, filacterias, colores, carteles: es la manifestación silenciosa con piano y ritmo de cine mudo.

CARTEL DE COLOMBINA: « ¡Vengan todos! »
CARTEL DE ARLEQUÍN: « ¿Adónde? »
CARTEL DE COLOMBINA: « ¡Arlequín! »

El Autor perseguido por la Huesuda que le lanza guadañazos.

CARTEL DE LA HUESUDA: « Chaaasss »
CARTEL DEL AUTOR: « **Estimado púbico...** »
CARTEL DE CRONOPIOS: « Blablablablabla… »
CARTEL DE COLOMBINA: « ¡Ejem! »
CARTEL DEL AUTOR: « **Estiraaado púbico** »
CARTEL DE FAMAS: « Ablablablablablabla… »

Acuden varios personajes y sacan al Autor que protesta con otro cartel: « ¡NOOO! ». *Los Cronopios y las Famas sacan varios carteles con «* Sí *» de colores.*

CARTEL DE ARLEQUÍN: « Uuufff »
CARTEL DE COLOMBINA: « ¡Ahora sí! »
CARTEL DE CHARLOT: « **Ésta es la manifestación** »
CARTEL DE LA PORTERA: « Tamos fartos »
CARTEL DEL DOTTORE: « In vino veritas »
CARTEL DE TARTALOCO: « ¡Muerte a la muerte! »

ARLEQUIN : Uma grande explotação… Uma grande booouuuuummm !
CONCIERGE : *(Criant ou pleurant ou peut-être tout à la fois.)* Não é possível… não é possível…
DOTTORE : … catalepsie… catacombes… catéchisme… sang… insoumission… rêves… uvules… urétrites…
ARLEQUIN : Je vous assure, madame, oui… uma grandisima booouuuuummm !
DOTTORE : … utopies… iridacées… intégrité… intellect… intentions… intestins… rêves… rêves… rêves… *(Le Dottore continuera à répéter à voix basse le mot* « rêve » *jusqu'à ce que Charlot apparaisse avec sa pancarte.)*

Avec cette « invocation », tous les personnages invités par Colombine et Arlequin commencent à apparaître. Masques, phylactères, couleurs, pancartes : c'est la manifestation silencieuse avec piano et rythme de cinéma muet.

PANCARTE DE COLOMBINE : « Venez tous ! »
PANCARTE D'ARLEQUIN : « Où ça ? »
PANCARTE DE COLOMBINE : « Arlequin ! »

L'Auteur poursuivi par la Mort et sa faux.

PANCARTE DE LA MORT : « Chaaasss »
PANCARTE DE L'AUTEUR : « **Très cher pubis…** »
PANCARTE DES CRONOPES : « Blablablablablabla… »
PANCARTE DE COLOMBINE : « Humhum ! »
PANCARTE DE L'AUTEUR : « **Très cher prurit** »
PANCARTE DES FAMEUX : « Ablablablablablabla… »

D'autres personnages accourent et font sortir l'Auteur qui proteste avec une autre pancarte : « NOOOON ! ». *Les Cronopes et les Fameux sortent d'autres pancartes avec des* « Oui » *de toutes les couleurs.*

PANCARTE D'ARLEQUIN : « Ouf »
PANCARTE DE COLOMBINE : « C'est parti ! »
PANCARTE DE CHARLOT : « **Voilà la manifestation** »
PANCARTE DE LA CONCIERGE : « Tamos fartos »
PANCARTE DU DOTTORE : « In vino veritas »
PANCARTE DE BEGUEFOU : « Mort à la mort »

CARTEL DE MAFALDA: « ¡Viva la vida! »
CARTEL DEL VIEJO: « ¿Quién quiere café? »
CARTEL DE UN VECINO: « ¿Quién quiere un corazón? »

Aparecen carteles por las trampillas:

CARTEL 1: « Ya voy »
CARTEL 2: « ¡Me falta uno! »
CARTEL 3: « ¡666! »
CARTEL 4: « Silencio »
CARTEL 5: ¿Quién vendrá?
CARTEL 6: ¿Y por dónde?

Salen Flash Gordon, Sandokán, El Cid, Hamlet, Pantagruel, Ulises y su perro, el Hombre del saco, Tarzán, Emma Bovary, Mandrake y Rosadito Verdoso. Sus carteles dicen: « Never more *»; «* È pericoloso sporgersi *»;* « Basta ya »; « Plus jamais ça »; « Stop ». *El perro de Ulises ladra con una filacteria que dice:* « Gua, gua ». *Pasa el Hombre Invisible con un cartel que dice: «* Toshiro Mifune no ha podido venir ». *Pasa Cenicienta buscando su zapato y se cruza con Charles Bronson. Algo tendrá que ocurrir entre los dos. Sale Buster Keaton, se quita el abrigo. Busca un gancho en la pared. No hay gancho. No hay pared. Dibuja un gancho en el aire y cuelga su abrigo. Aparece la Huesuda haciendo muecas y mímicas con un cartel en llamas: «* **¡BUUUUMMMMM!** ». *Todos retroceden, dejan caer sus carteles y desaparecen. La luz es una herida en el pecho. El piano grita algo que nadie entiende. La Huesuda danza su danza de muerte y lágrimas. Danza su danza... danza su danza... Salen las Mujeres de la polifonía. Vestidas de negro con pañuelos azules en el cabello. Llevan en los ojos el recuerdo de otras luchas, el velo de otros recuerdos. Giran alrededor de la Huesuda en una lucha-danza. Giran, luchan, danzan. Luchan, danzan, giran. Giran, giran, giran... hasta que la Huesuda se desvanece. Y las cuatro fechas escritas en sus carteles forman un círculo de fuego y de verdades. Si nadie sabe a qué remiten no importa. Basta con que un escalofrío de hierros retorcidos rumoree por los rincones.*

CARTEL DE LA 1ª: « 21-09-2001 »
CARTEL DE LA 2ª: « 03-12-1984 »
CARTEL DE LA 3ª: « 26-04-1986 »
CARTEL DE LA 4ª: « 21-10-2060 »

PANCARTE DE MAFALDA : « Vive la vie »
PANCARTE DU VIEILLARD : « Qui veut un café ? »
PANCARTE D'UN VOISIN : « Qui veut un cœur ? »

Des pancartes apparaissent par les trappes :

PANCARTE 1 : « J'arrive »
PANCARTE 2 : « Il m'en manque un »
PANCARTE 3 : « 666 ! »
PANCARTE 4 : « Silence »
PANCARTE 5 : « Qui pourrait bien venir ? »
PANCARTE 6 : « Et de quel côté ? »

Arrivent Flash Gordon, Barberousse, le Cid, Hamlet, Pantagruel, Ulysse et son chien, le Grand Méchant Loup, Tarzan, Emma Bovary, Mandrake, Lucky Luke. Sur leurs pancartes est écrit : « Never more » ; « È pericoloso sporgersi » ; « Ça suffit » ; « Plus jamais ça » ; « Stop ». *Le chien d'Ulysse aboie avec un phylactère qui dit :* « Ouah-ouah ». *Arrive l'Homme Invisible avec une pancarte qui dit :* « Toshiro Mifune n'a pas pu venir ». *Cendrillon apparaît. Elle est à la recherche de son escarpin et elle croise Charles Bronson. Il faudra que quelque chose se passe entre eux. Arrive Buster Keaton, il ôte son manteau. Il cherche un crochet sur le mur. Il n'y a pas de crochet. Il n'y a pas de mur. Il dessine un crochet dans l'air et y accroche son manteau. La Mort arrive en faisant des grimaces et des mimiques avec une pancarte en flammes :* « **BOOOOOOUUUUUUM !** ». *Tous les personnages reculent, laissent tomber leurs pancartes et disparaissent. La lumière est comme une blessure. Le piano crie quelque chose que personne ne comprend. La Mort danse sa danse de mort et de larmes. Elle danse sa danse… danse sa danse… Arrivent les Femmes de la polyphonie. Vêtues de noir et portant des foulards bleus sur la tête. Elles ont dans les yeux le souvenir d'autres luttes, le voile d'autres souvenirs. Elles tournent autour de la Mort dans une lutte-danse. Elles tournent, luttent, dansent. Elles luttent, dansent, tournent. Elles tournent, tournent, tournent… jusqu'à ce que la Mort disparaisse. Et les quatre dates écrites sur leurs pancartes forment un cercle de vérités enflammées. Peu importe si personne ne sait ce qu'elles évoquent. Il suffit qu'un frisson de fer froissé murmure dans les recoins.*

PANCARTE DE LA 1ère : « 21-09-2001 »
PANCARTE DE LA 2ème : « 03-12-1984 »
PANCARTE DE LA 3ème : « 26-04-1986 »
PANCARTE DE LA 4ème : « 21-10-2060 »

Aparecen las Segadoras, gesticulantes, desmelenadas. La luz se vuelve opaca. Las Segadoras van borrando las fechas. Y mientras las fechas se borran las Mujeres desaparecen. Al final todo es olvido y carteles inmaculados: ronda del olvido y del silencio.

CARTEL DE LA SEGADORA 1ª: «   »
CARTEL DE LA SEGADORA 2ª: «   »
CARTEL DE LA SEGADORA 3ª: «   »
CARTEL DE LA SEGADORA 4ª: «   »

Vacío. El piano, como tratando de decir algo enredado en sus cuerdas, retoma otro tema. Poco a poco volvemos al ritmo de cine mudo. Los personajes, animados por la música, van saliendo.

CARTEL DEL VIEJO: « ¿Quién quiere café? » (*Le sirve un poquito a Colombina que saca un cartel:* « Gracias ».)
CARTEL DE UN VECINO: « ¡Queremos luz! »
CARTEL DE LA HUESUDA: « **¡Buuuuummmm!** » *(Haciendo muecas y mímicas.)*

Aparece el Llanero Solitario cabalgando en su caballo de los cuatro vientos. Al mismo tiempo, Tartaloco saca un cartel: « Cotoclop, cotoclop, cotoclop » y lo persigue, bufando. El Llanero Solitario saca su rifle corto y dispara hacia la Huesuda: « BANG ». Tarzán que venía detrás, cae herido. Como en el fondo del mar, todos los movimientos se vuelven lentos y pesados. Tragicomedia de máscaras y rostros que se tuercen y retuercen, no se sabe si de dolor o de sorpresa. Un « Stabat Mater » lejano suple al piano. Remedios la bella es una magnífica « Mater Dolorosa ». Una luz angelical envuelve su trémula silueta. Varios personajes sacan carteles: « ¡No! »; « ¡Oh! »; « ¡Ahh! »; « ¡Ay! »; « ¡Uyuyuy! ». La Huesuda: « Ji, jo, ja, ju, ji, jo », y desaparece. Se desmaya el abrigo de Buster Keaton. Tarzán: « Me diste, hermano », y muere como un Jesús crucificado. Salen más personajes con carteles enlutados. Marcha fúnebre. En eso, Remedios la bella se arrodilla ante él y lo besa. Tarzán resucita. Más carteles: « ¡Bravo! »; « ¡Hurraaa! »; « ¡Qué lindo che! »; « ¡Muy bien! »; « Aplausos »; « ¡Dame un beso Colombina! »; « ¡Así se habla! »; « È pericoloso sporgersi »... Poco a poco todo se va acelerando hasta recobrar el ritmo anterior. Procesión festiva donde van apareciendo todos los carteles como en un recuento de fin de cuento. Vuelta a la tarima.

Arrivent les Faucheuses, gesticulantes, ébouriffées. La lumière devient opaque. Les Faucheuses effacent peu à peu les dates. Et à mesure que les dates s'effacent, les Femmes disparaissent. Finalement, tout n'est qu'oubli et pancartes immaculées : ronde du silence et de l'oubli.

PANCARTE DE LA 1ère FAUCHEUSE : «   »
PANCARTE DE LA 2ème FAUCHEUSE : «   »
PANCARTE DE LA 3ème FAUCHEUSE : «   »
PANCARTE DE LA 4ème FAUCHEUSE : «   »

Vide. Le piano, comme s'il tentait de dire quelque chose qui serait emmêlé dans ses cordes, reprend un autre thème. Peu à peu, le rythme de cinéma muet réapparaît et les personnages reviennent, encouragés par la musique.

PANCARTE DU VIEILLARD : « Qui veut du café ? » *(Il en sert un peu à Colombine qui sort une pancarte :* « Merci ».*)*
PANCARTE D'UN VOISIN : « Nous voulons de la lumière ! »
PANCARTE DE LA MORT : « **Booooouuuuum !** » *(Elle fait des grimaces et des mimiques.)*

Apparaît Lucky Luke, chevauchant sa monture des quatre vents. Au même instant, Bèguefou sort une pancarte : « Pataclop, pataclop, pataclop » et le poursuit en s'ébrouant. Lucky Luke dégaine et tire sur la Mort : « BANG ». Tarzan, qui était derrière elle, est touché et tombe. Comme au fond de la mer, tous les mouvements deviennent lourds et lents. Tragicomédie de masques et de visages qui se froissent et se tordent, qui sait si de douleur ou de surprise. Un lointain « Stabat Mater » remplace le piano. Remedios la belle est une magnifique « Mater Dolorosa ». Une lumière angélique enveloppe sa silhouette frémissante. Plusieurs personnages sortent des pancartes : « Non ! » ; « Oh ! » ; « Ahhh ! » ; « Aïe ! » ; « Ouille ! ». La Mort : « Ha, ha, ha, ha, ha ! », et elle disparaît. Le manteau de Buster Keaton s'évanouit. Tarzan : « Je suis touché, vieux frère », et il meurt comme un Jésus crucifié. D'autres personnages arrivent avec des pancartes endeuillées. Marche funèbre. À ce moment, Remedios la belle s'agenouille devant lui et l'embrasse. Tarzan ressuscite. Nouvelles pancartes : « Bravo ! » ; « Hourra ! » ; « Super ! » ; « Très bien ! » ; « Applaudissements » ; « Fais-moi un bisou Colombine ! » ; « Ça c'est bien dit ! » ; « È pericoloso sporgersi »... Tout s'accélère peu à peu jusqu'à reprendre le rythme antérieur. Procession joyeuse où apparaissent toutes les pancartes comme dans un récapitulatif de final festif. Retour au tréteau.

DOTTORE: (*Saca a manotazos los últimos huesos del cuerpo de Pedro. Mariposas que emprenden su vuelo al contacto del aire.*) Sueños... sueños... sueños...
COLOMBINA: *(Como despertando de una pesadilla o hundiéndose en ella.)* ¡Doctor! ¡No! ¡Doctor!
ARLEQUÍN: *(El ambiente de tragedia va transformando su cuerpo y su actuación.)* Doctor... doctor... Colombina... un beso... borrar... borrar... todo esto no es verdad... hay que llamar al Hombre del saco... *(Sigue repitiendo con desarreglado mecanismo de muñeco moribundo.)*
DOTTORE: (*Su máscara de diablo amarillo va cobrando los tonos de su locura.*) Agua no... sea clara... limpia y pura... morir en mi garlito... la rana... el mosquito... sueños... sueños... sueños...
COLOMBINA: Doctor, esto no es un sueño... ¡Se está muriendo!
ARLEQUÍN: (*Tambaleando entre risas y lágrimas, su traje se va volviendo gris, opaco, casi invisible.*) Doctor... ji, ja, ju... esto no es un sueño... ji, ja, ju... no... no...
COLOMBINA: Doctor... ¡Ya casi no respira!
DOTTORE: (*Jugando con las mariposas.*) Sueños... ranas... garlito... mosquito...

Va anocheciendo el tambor hasta desaparecer.

ARLEQUÍN: Colombina... mosquito... no... un beso... no... corazón sombrío... vengan todos... ji, ja, ju... no...
COLOMBINA: Se muere...
DOTTORE: Se muere...
ARLEQUÍN: Se muere...
LOS TRES: ... Se muere... se muere... se muere... y nosotros con él... un sueño donde compartimos la noche de su pecho... y la esperanza de sus ojos... no... no...

En lo alto cruje el mástil. Se estremece la luz de las flautas y todos los demás personajes van saliendo. Desmelenados, harapientos. Giran alrededor de la tarima – balsa en la tormenta – murmurando este texto. Alucinación. Colombina, el Dottore y Arlequín siguen repitiendo el « no *» hasta el final.*

DOTTORE : *(Il arrache les derniers os du corps de Pierre. Papillons qui s'envolent au contact de l'air.)* Rêves… rêves… rêves…
COLOMBINE : *(Comme si elle sortait d'un cauchemar ou que le cauchemar la submergeait.)* Docteur ! Non ! Docteur !
ARLEQUIN : *(Le climat de tragédie transforme peu à peu son corps et son jeu.)* Docteur… docteur… Colombine… un bisou… effacer… effacer… tout ça n'est pas réel… il faut appeler le Grand Méchant Loup… *(Il répète sans cesse les mêmes phrases. Mécanisme déréglé de pantin moribond.)*
DOTTORE : *(Son masque de diable jaune prend les tons de sa folie.)* Verre d'eau… non… barrique… trouver… fin… je laisserai ma peau… verre de vin… grenouille… moustique… rêves… rêves… rêves…
COLOMBINE : Docteur, ce n'est pas un rêve… Il est vraiment en train de mourir…
ARLEQUIN : *(Titubant entre rires et larmes, son costume devient peu à peu gris, opaque, presque invisible.)* Docteur… ha, ha, ha… ce n'est pas un rêve… ha, ha, ha… non… non…
COLOMBINE : Docteur… Il ne respire presque plus !
DOTTORE : *(Jouant avec les papillons.)* Rêves… grenouille… barrique… moustique…

Crépuscule de tambour qui disparaît lentement.

ARLEQUIN : Colombine… moustique… non… un bisou… non… fais battre ton cœur… venez tous… ha, ha, ha… non…
COLOMBINE : Il est en train de mourir…
DOTTORE : En train de mourir…
ARLEQUIN : En train de mourir…
TOUS LES TROIS : … Il est en train de mourir… en train de mourir… en train de mourir… et nous mourons avec lui… un rêve où nous partageons la nuit de son cœur… et l'espoir de ses yeux… non… non…

Là-haut, le mât craque. L'éclat des clarinettes tressaille et tous les autres personnages commencent à entrer en scène. Ebouriffés, en haillons. Ils tournent autour du tréteau – radeau dans la tempête – en murmurant ce texte. Hallucination. Colombine, le Dottore et Arlequin répètent le « non » *jusqu'à la fin.*

TODOS: La luz era cenicienta como un recuerdo... la ciudad, un punto tembloroso en la noche... y el viento ciego sigue manoteando los techos... buscando el filo de los cuchillos... un viento ciego se escurre por debajo de las puertas... irrumpe a gritos debajo de la piel... un río de cuerpos forma una pirámide de sangre... el llanto de los espejos deja en el silencio un olor a miedo y a tristeza... un olor a miedo y a tristeza… un olor a miedo y a tristeza… no... no...

El último « no *», desgarrador, es un fogonazo que lo borra todo. Oscuro.*

FINAL DEL CUADRO II

TOUS : La lumière était de cendre, comme un souvenir… la ville, un point grelottant dans la nuit… et le vent aveugle passe toujours ses mains sur les toits… à la recherche de la lame des couteaux… un vent aveugle se glisse sous les portes… entre en criant jusque sous la peau… un fleuve de corps lève une pyramide de sang… le pleur des miroirs laisse dans le silence une odeur de peur et de tristesse… une odeur de peur et de tristesse… une odeur de peur et de tristesse… non… non…

Le dernier « non », *déchirant, est un éclair qui efface tout. Noir.*

FIN DU TABLEAU II

EPÍLOGO PONCIOPILATESCO

AUTOR: (*Cuando se hace el oscuro. Sin dejarnos tiempo para nada.*) ¡No! ¡No! ¡No! (*Carraspea y el mismo foco lerdo y flojo vuelve a escupir su sucia luz de antes. Tratando de ocupar todo el espacio y cerrando el telón peor que mal.*) Estimado público... nuestra historia no acaba así... (*Mira a su alrededor, temeroso o asombrado, ¿quién sabe?*) ... nuestra historia... *(Niega con la cabeza. Sonríe, suda, chorrea.)* No, nuestra historia no es ésta... Esto no fue lo que nosotros les queríamos contar esta noche... un incidente… esto no es más que un simple incidente… cualquier parecido con mi obra... cualquier parecido con la realidad... bueno... en fin... quiero decir que todo esto no fue más que un incidente… un chispazo ciego... y nadie asomará la mirada entre las brasas de lo dicho... estas... estas sombras de papel aleteando por aquí son los restos corruptos de otras historias... restos de cristales rotos… ni recuerdos, ni nada... nada de nada… frases escapadas de otros mares... naufragadas aquí... tratando de procrear algo... de decirnos algo que no fue... algo que no será... y que no nos importa... artificios de formas y de colores... juegos de una ficción que no nos corresponde... ni a vosotros... ni a mí... Mentiras, puras mentiras de papel que no tenían ningún derecho a tomar el escenario por asalto…
Querido y estimado público... damas y caballeros, para que esto no vuelva a repetirse y para no alentar ficciones de tragicomedia, para no dar crédito a tantas tonterías, les voy a pedir que, por favor, no aplaudan y que olviden todo lo ocurrido aquí... mejor, vuelvan mañana... ¡Eso es: vuelvan mañana! Mañana habremos remediado todos estos pequeños incidentes... técnicos... ¡Sí, técnicos! ¡Sí! Y todo será mejor... mañana todo será mejor. ¡Hasta mañana pues!

(*Oscuro final.*)

TELÓN

ÉPILOGUE PONCEPILATESQUE

AUTEUR : *(Au moment où le noir se fait. Sans nous laisser le temps de quoi que ce soit.)* Non ! Non ! Non ! *(Il toussote et le même projecteur qu'au début, paresseux et mollasson, crache à nouveau sa lumière sale. Il essaie d'occuper tout l'espace et de fermer le rideau tant bien que pis.)* Cher public… notre histoire ne finit pas comme ça… *(Il regarde autour de lui, effrayé ou étonné. Qui sait ?)* … notre histoire… *(Il secoue la tête. Il sourit, il sue, il dégouline.)* Non, notre histoire n'est pas celle-là… Ce n'est pas ce que nous voulions vous raconter ce soir… un incident… tout ça n'est rien d'autre qu'un incident… toute ressemblance avec ma pièce… toute ressemblance avec la réalité… enfin… bon… je veux dire que tout ça n'a été qu'un malencontreux incident… une étincelle aveugle… et personne, aucun regard ne surgira des braises de ce qui a été dit… ces… ces ombres de papier qui volettent autour de nous sont les restes corrompus d'autres histoires…des restes de verre brisé… même pas des souvenirs, non… rien du tout… des phrases échappées d'autres mers… qui se sont échouées ici… qui ont essayé de créer quelque chose… de nous dire quelque chose qui n'a pas existé… quelque chose qui n'existera pas… et dont on n'a rien à faire… des artifices de formes et de couleurs… les jeux d'une fiction qui n'a rien à voir avec nous… ni avec vous… ni avec moi… Mensonges, purs mensonges de papier qui n'avaient pas le droit de prendre la scène d'assaut…
Très cher public… mesdames et messieurs, pour que tout ceci ne se reproduise pas et pour ne pas encourager ces fictions tragicomiques, pour ne pas donner crédit à toutes ces bêtises, je vais vous demander de ne pas applaudir, s'il vous plaît, et d'oublier tout ce qui s'est passé ici… ou même mieux, revenez demain… C'est ça : revenez demain ! Demain nous aurons pallié tous ces petits incidents… techniques… Oui, oui, techniques ! Et tout ira mieux… demain tout ira mieux. À demain donc !

(Noir.)

RIDEAU

Ce treizième livre *Nouvelles Scènes Hispaniques* sera présenté au cours des Sixièmes Rencontres du Théâtre Hispanique à Toulouse, organisées par le Théâtre de la Digue, l'Instituto Cervantes et l'Université de Toulouse-Le Mirail.
Du 19 au 22 mai 2005 aura lieu une série de manifestations artistiques, culturelles et scientifiques : création par la compagnie Les Anachroniques de la pièce d'un auteur « anachronique » Marcelo Lobera *El grito de los espejos* au Théâtre Sorano, surtitrée en français et en langage des signes (en collaboration avec l'IUT de Traduction et d'Interprétation de Toulouse II) ; deux tables rondes dans le cadre du Congrès National de la Société des Hispanistes Français à Toulouse, l'une sur la mise en scène comme adaptation, traduction ou réécriture à partir des mises en scènes des Anachroniques et l'autre sur la traduction théâtrale à partir de l'expérience bilingue de la collection *Nouvelles Scènes*.
Seront présentés également deux essais sur le théâtre espagnol contemporain, *Rideau ou la fin au théâtre* par l'équipe Roswita (Lansman) et *La dramaturgie espagnole contemporaine* de Monique Martinez chez l'Harmattan.

Instituto Cervantes THEATRE DE LA DIGUE compagnie les anachroniques fundación autor ROSWITA SGAE

Impression d'après documents fournis
bialec, nancy (France)
Dépôt légal n°62699 - mai 2005